大易探微

正本

金文傑　著

青岛出版社
QINGDAO PUBLISHING HOUSE

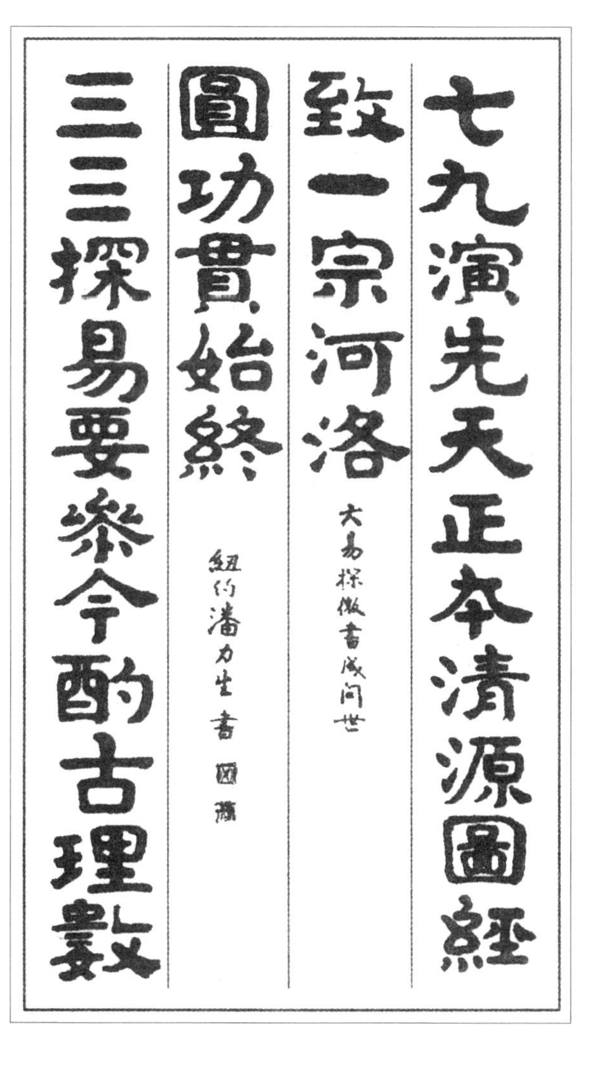
七九演先天正本清源圖經
致一宗河洛
大易探微書成問世
圓功貫始終
紐約潘力生書
三三探易要參今酌古理數

作者簡介

金文傑

金文傑先生（一九一三至二〇〇一），自號宣陽子，湖南省長沙市人，畢業于湖南省立第一中學。自幼聰穎，少年時代即能作詩塡詞，亦能以文言文作文，書法也獨具風格。靑年時代即開始研易，近六十年的時間裏，雖處境坎坷但專心致志，學有師承，矻而不輟，以驚人的毅力先後撰成《大易探微》初版及修訂版。一九九九年六月又出版了《大易探微》全集。作者在書中不僅闡述其獨到的學術見解及研究成果，且詩文幷茂，令人贊嘆不已。一九八八年初版問世後，即受到易學界好評，影響遠及港臺及海外。臺灣有關學術團體曾邀請赴臺講學。著名學者周谷城先生生前（一九八九年）在閱讀初版後致函稱：『初次拜讀，即覺體大思精，令人敬佩……且以詩體出之，誠不易得者。』在生命最後的日子裏，他又戰勝疾病的痛苦，頑強地完成了《大易探微》通俗本的寫作，爲其畢生的追求，爲弘揚中華文化畫上了圓滿的句號。

一版 序言

有有文字之易，有無文字之易。有文字之易，《周易》是也。無文字之易，《圖象》是也。自無而有，有無相承，固乃自然之符。不明《圖象》，難通《周易》，亦屬必然之理。然《圖象》無文，中經散佚，源流既失，或謂《易外別傳》。故自秦漢以來，《周易》雖經多家注釋，而各持其見，《圖象》則論述者無幾也。

宣陽少慕至道，嗜讀易書，當疑圖象法天，應爲狀體，數出河洛，必有秘傳。時無師承，雖有所悟，終無所獲。積愫卅年，得遇高人指引，自是潛心演繹，就正聖言。九易春秋，始入佳境。夫然後知所謂易者，本一炁以探索陰陽動變之規律者也。上古聖人父子仰觀俯察，知天地造化終始一炁之理之不可違，於是因『一』窮理，始作八卦，制數度，紀天行。運數追踪，以明陰陽之變；立象盡意，以類萬物之情；用約制大易始初成圖，相傳出於羲皇之代。在未有文字之先，去今已數千餘載。其於天地日月運動之理，已備具於象數動變之中。此《繫辭傳》云：『廣大配天地，變通配四時，陰陽之義配日月』之義也。觀其成圖，卦、爻、象、數組合之嚴謹，對待往來寓意之精當，雖時至今日，固無能越其楷模。而倉頡造字，會意象形，對待取義，悉本於此。故前人謂大易開我國文字教化之源。然其微言奥旨，固非求之於動變，則無由得理而不能理通也。

是故本書之本『一』以探索易微，并非新創，衹是清源。從無到有，理既不虛生，而言亦未苟造。讀者幸能明察，典籍文字，不乏印證；循理更進，旁徵今學，必有所成。然則本書之作，於有志易學者，或可爲入門之一助歟，是爲序。

宣陽子金文傑於青島

一九八五年元月

二版　序言

易理無窮，而理有所本，本於數也。數始於一，一即太極；太極動静，分兩用中，其數爲三；三個一言其周，三個五立其極，而混元成體；故易理無窮，數以相應，統歸三、五與一之運用。

三五者，三才之道也。三才之道，『提挈天地，把握陰陽，呼吸精氣，獨立守神』（見《素問・上古天真論》），人爲主宰。故一卦六爻，『立人之道，曰仁與義』。孔門『居仁由義』，義路而守位曰仁，寓動行静止，終始如一之章則焉。

大易所指者數，所窮者理。今人知凡可以數示者謂之『科學』，『數學爲科學之母』，『數學爲上帝用來描繪宇宙之文字』。而不知『易有太極』更在有數之先，自一至十，十個數字之由來，即在於『易有太極』。

《河圖》、《洛書》乃大易之根本，數理之源頭。秦火之後，《圖》、《書》佚傳，漢儒未見《圖》、《書》，無數可據；或有見者，平淡看過，不解真（具十爲真，理同三五）趣，導致臆斷《十翼》，支解《本經》，迨宋代《圖》、《書》復出，而儒者千年相習，成見已深，拒『真源』於『易』外，致令孔子之後兩千餘年來易學發展偏向『義理』，至今猶然。

今世科學昌明，大講『數據』，出土易圖物證具在，既已證實易圖古已有之，『數』本自然，『理』無可辯，而五、十兩數之爲學易綱領，孔子已有『假我數年，五、十以學易，可以無大過矣』之『權威』論斷，可惜至今猶未聞有人曾以『數』釋。

宣陽於易，學有師承，衍數根據《圖》、《書》，述理參證《經》、《翼》，演繹『數理』，潛心廿載，然後知大易之『正本清源』在於『有以見』數以律契自然。『一』『止』本『正』，七、九源清。『九』、『七』，《圖》、《書》，『一』體『易』用，而幽明互理，非數不行，性命相關，生生不息，此孔子《說卦傳》前兩章之立意也。

《大易探微》探數已耳，既已『有以見』數，故此刪繁就簡，整理集全。

全集三卷寫成，前後歷時逾十稔。三卷之中，精華薈萃於《理玄》、《管窺》引易釋易，《靈犀》各篇，此前收入演繹『數理』時備忘隨録，今悉去之，而以訂正之易圖體系及增補之三個『數圖』符實『靈犀』之名，且推爲上卷，明確無文字之易圖地位。而孔子『五、十以學易』、五與十之樞機有增補之《河洛一源圖》及全集中之各個『數圖』資證。

天下後世有讀本書而認同者，執以釋《翼》明《經》，可大易之光，宣陽之願也。

宣陽子金文傑於青岛

一九九七年七月

目録

卷三　管窺篇

大易探微

卷一

靈犀篇

無文字之易——易圖

上篇　體系十圖

大易源清現十圖，自成體系歷霜秋；
傳心立訣宗堯舜，廣意脩文仰孔周。
考證難憑何損質，明經有翼可探求；
功夫不廢須崇本，一始從無萬象兜。

二 河圖

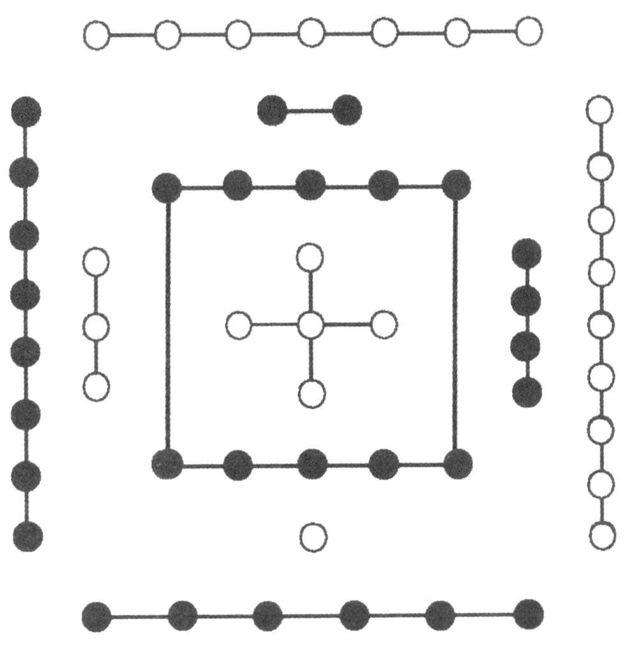

正反中虛五，旋迴八序藏；
生成涵造化，奇偶判陰陽；
一始水源遠，三生木本强；
河圖天地數，具十運圓方。

三 洛書

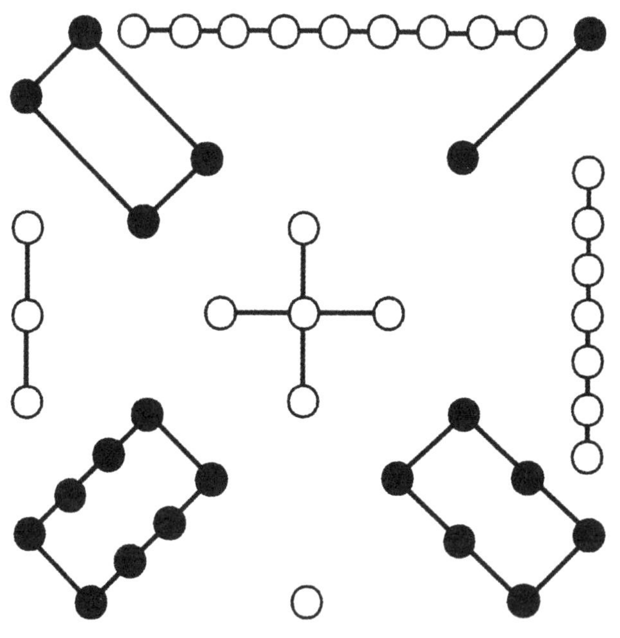

金火易其位，　五行數錯開；
隨方先立本，　圓就後還歸；
一白宗元始，　五黃主化裁；
陰陽生反復，　二八應機來。

四　先天八卦圖（羲圖）

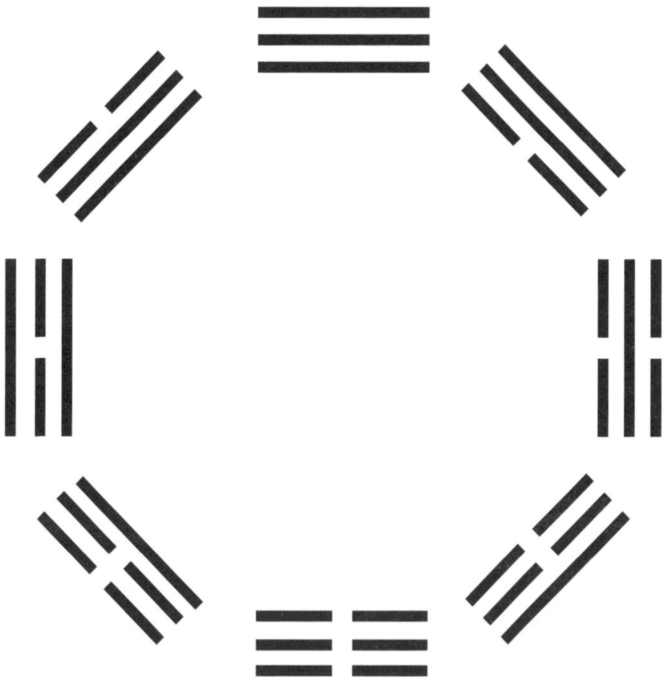

設卦以觀象，探幽法自然；
地天司覆載，日月紀時遷；
一貫三才理，三元八卦傳；
一陽來復去，易要演先天。

五　後天八卦圖（文圖）

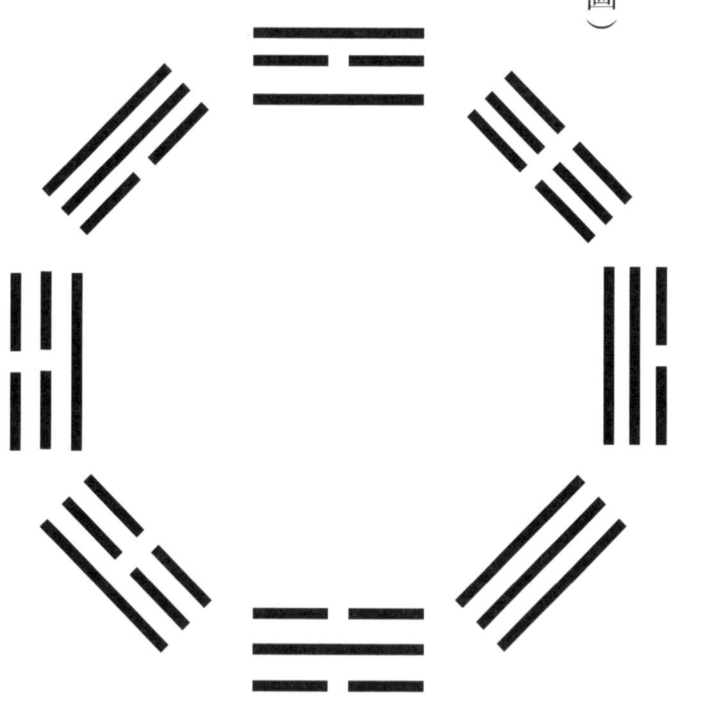

五行生萬物，類聚以居方；
位定形因立，爻行炁過忙；
四時通變理，六合正綱常，
後浪推前浪，生消一炁揚。

六　先天八卦合洛書圖

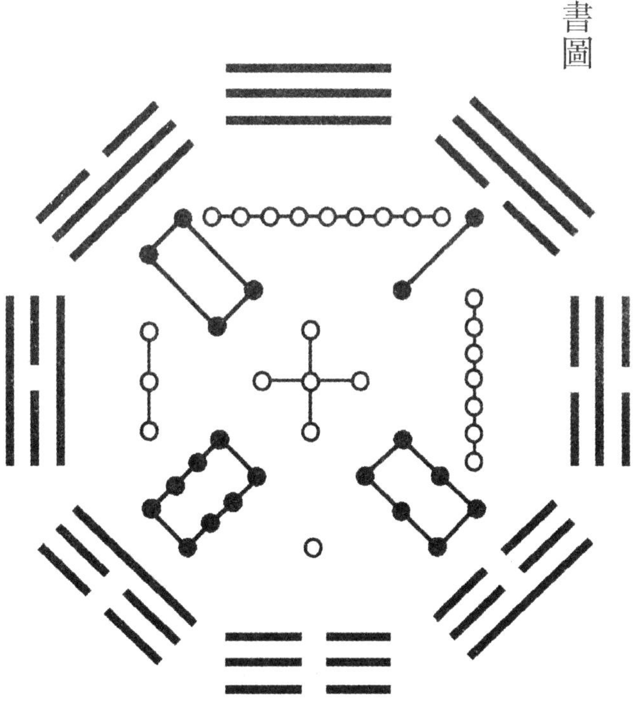

象生緣數立，會意識真詮；
在地成形體，於天屬炁源；
炁隨數息動，形與物生聯；
生息往來理，圖成論後先。

七　後天八卦合洛書圖

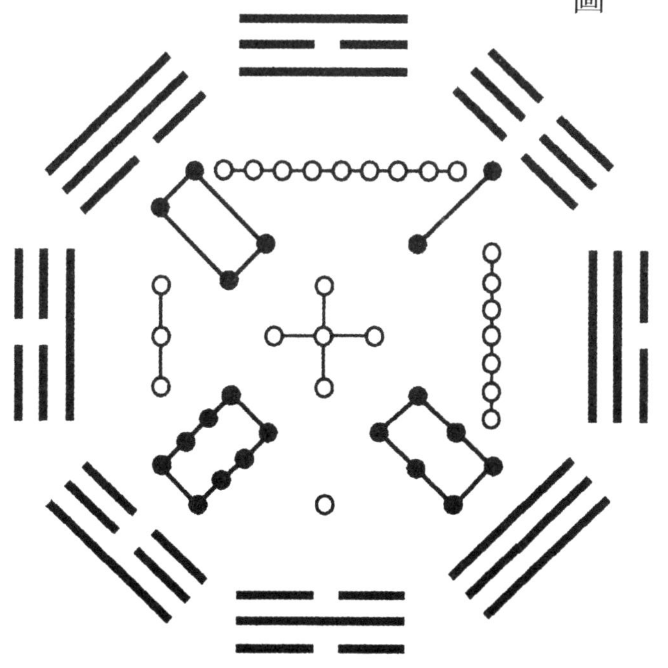

炁一參同數，象移喻意精；
化隨量變質，生合炁和形；
無息藏真息，傳情有至情；
推窮生物理，五運立方程。

八　先天六十四卦圓圖

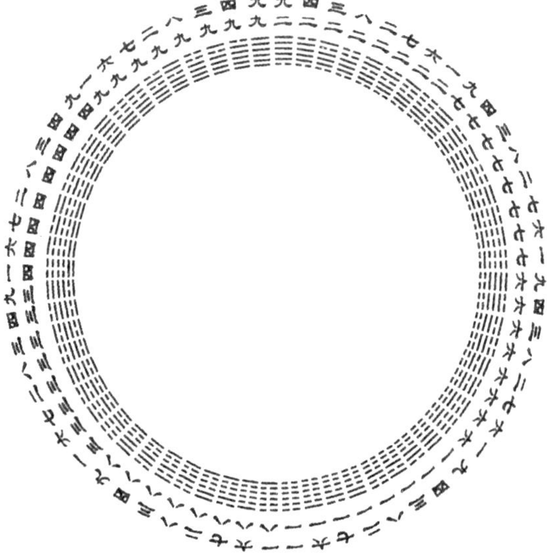

天道主行運，圖圓象數開；

畫唯奇偶合，意法地天來；

得一談生理，重三論化裁；

元元周復始，變應與時偕。

九　先天六十四卦方圖

一一	六一	七一	二一	八一	三一	四一	九一
一六	六六	七六	二六	八六	三六	四六	九六
一七	六七	七七	二七	八七	三七	四七	九七
一二	六二	七二	二二	八二	三二	四二	九二
一八	六八	七八	二八	八八	三八	四八	九八
一三	六三	七三	二三	八三	三三	四三	九三
一四	六四	七四	二四	八四	三四	四四	九四
一九	六九	七九	二九	八九	三九	四九	九九

得地以成位，圖方萬物生；
隨生形見象，入化炁還真；
生態平衡狀，循環蛻變情；
幽明貫一理，化育樂清寧。

十　先天六十四卦方圓合圖

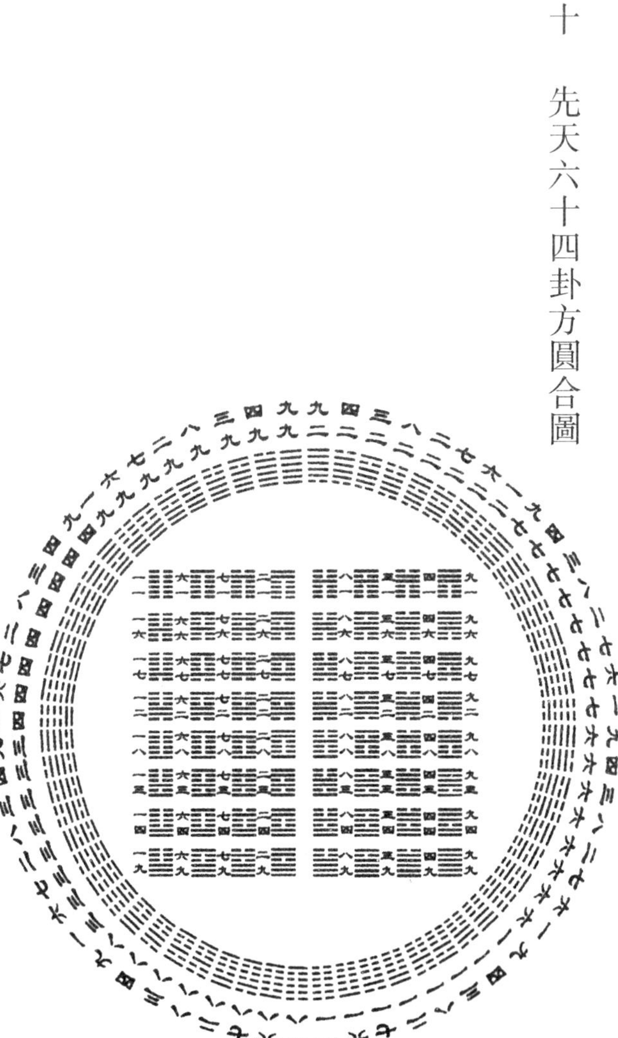

卦炁周天度，　一元紀歲功；
參三一貫理，　用兩五虛中；
静正明真始，　旋回覓定踪；
悠悠天地炁，　生息數推窮。

下篇　增補三圖

數理之本，河洛一源；
三三演繹，信息頻傳；
四時通變，七九周圓；
增益三圖，一貫全篇。

一　河洛一源圖（以數代點）并詩四首

表裏三層聯數忙，
五虛實一主中黃；
圖書七九淵源有，
得理從知易簡藏。

* * *

演卦蓍爻五十莖，
乾知大始一元真；
周天數度分經緯，
治曆明時紀歷程。

〔一〕

河洛圖文萬代傳，全憑理數識真詮；
乾坤成列分昭穆，天地生成設位先；
易立易行時義有，物生物化可知然；
六爻三極明終始，七九還歸一理玄。

〔二〕

七九分張説兩儀，於中得理定無疑；
東西顛疊剛柔濟，南北迂迴運坎離；
二五推遷象意用，三三問道數爲基；
居方見數隨時異，太極全圖一品題。

二　炁形圖（凡八圖）·并詩一首

河洛窮源理不空，全憑十數運神工；
三三左右循環數，八八縱橫往復同；
首尾相聯聯數序，往來動炁炁交融；
演成八幅排方陣，大展鴻圖始發蒙。

一八三	二七六	九四三	二九四	六一八	七六一	四三八	七二九
二七六	九四三	六一八	三八一	九二七	二九四	七六一	四三八
三四九	八一六	九二七	六七二	八三四	三八一	四九二	一六七
四九二	一八三	六七二	一六七	三四九	八三四	七二九	八一六
六一八	九二七	四三八	九四三	七六一	二七六	三八一	二九四
七六一	二九四	一八三	四三八	二七六	七二九	六一八	九四三
八三四	一六七	四九二	七二九	一八三	八一六	三四九	六七二
九二七	八三四	一六七	八一六	四九二	三四九	六七二	三八一

二

七二九	四三八	七六一	六一八	二九四	九四三	二七六	一八三
四三八	七六一	二九四	九二七	三八一	六一八	九四三	二七六
一六七	四九二	三八一	八三四	六七二	九二七	八一六	三四九
八一六	七二九	八三四	三四九	一六七	六七二	一八三	四九二
二九四	三八一	二七六	七六一	九四三	四三八	九二七	六一八
九四三	六一八	七二九	二七六	四三八	一八三	二九四	七六一
六七二	三四九	八一六	一八三	七二九	四九二	一六七	八三四
三八一	六七二	三四九	四九二	八一六	一六七	八三四	九二七

三

九二七	八三四	一六七	八一六	四九二	三四九	六七二	三八一
八三四	一六七	四九二	七二九	一八三	八一六	三四九	六七二
七六一	二九四	一八三	四三八	二七六	七二九	六一八	九四三
六一八	九二七	四三八	九四三	七六一	二七六	三八一	二九四
四九二	一八三	六七二	一六七	三四九	八三四	七二九	八一六
三四九	八一六	九二七	六七二	八三四	三八一	四九二	一六七
二七六	九四三	六一八	三八一	九二七	二九四	七六一	四三八
一八三	二七六	九四三	二九四	六一八	七六一	四三八	七二九

四

三八一	六七二	三四九	四九二	八一六	一六七	八三四	九二七
六七二	三四九	八一六	一八三	七二九	四九二	一六七	八三四
九四三	六一八	七二九	二七六	四三八	一八三	二九四	七六一
二九四	三八一	二七六	七六一	九四三	四三八	九二七	六一八
八一六	七二九	八三四	三四九	一六七	六七二	一八三	四九二
一六七	四九二	三八一	八三四	六七二	九二七	八一六	三四九
四三八	七六一	二九四	九二七	三八一	六一八	九四三	二七六
七二九	四三八	七六一	六一八	二九四	九四三	二七六	一八三

五

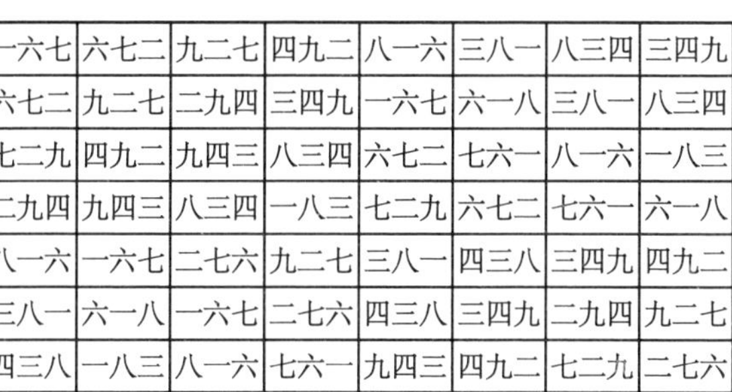

一六七	六七二	九二七	四九二	八一六	三八一	八三四	三四九
六七二	九二七	二九四	三四九	一六七	六一八	三八一	八三四
七二九	四九二	九四三	八三四	六七二	七六一	八一六	一八三
二九四	九四三	八三四	一八三	七二九	六七二	七六一	六一八
八一六	一六七	二七六	九二七	三八一	四三八	三四九	四九二
三八一	六一八	一六七	二七六	四三八	三四九	二九四	九二七
四三八	一八三	八一六	七六一	九四三	四九二	七二九	二七六
九四三	四三八	一八三	六一八	二九四	七二九	二七六	七六一

六

三四九	八三四	三八一	八一六	四九二	九二七	六七二	一六七
八三四	三八一	六一八	一六七	三四九	二九四	九二七	六七二
一八三	八一六	七六一	六七二	八三四	九四三	四九二	七二九
六一八	七六一	六七二	七二九	一八三	八三四	九四三	二九四
四九二	三四九	四三八	三八一	九二七	二七六	一六七	八一六
九二七	二九四	三四九	四三八	二七六	一六七	六一八	三八一
二七六	七二九	四九二	九四三	七六一	八一六	一八三	四三八
七六一	二七六	七二九	二九四	六一八	一八三	四三八	九四三

七

九四三	四三八	一八三	六一八	二九四	七二九	二七六	七六一
四三八	一八三	八一六	七六一	九四三	四九二	七二九	二七六
三八一	六一八	一六七	二七六	四三八	三四九	二九四	九二七
八一六	一六七	二七六	九二七	三八一	四三八	三四九	四九二
二九四	九四三	八三四	一八三	七二九	六七二	七六一	六一八
七二九	四九二	九四三	八三四	六七二	七六一	八一六	一八三
六七二	九二七	二九四	三四九	一六七	六一八	三八一	八三四
一六七	六七二	九二七	四九二	八一六	三八一	八三四	三四九

八

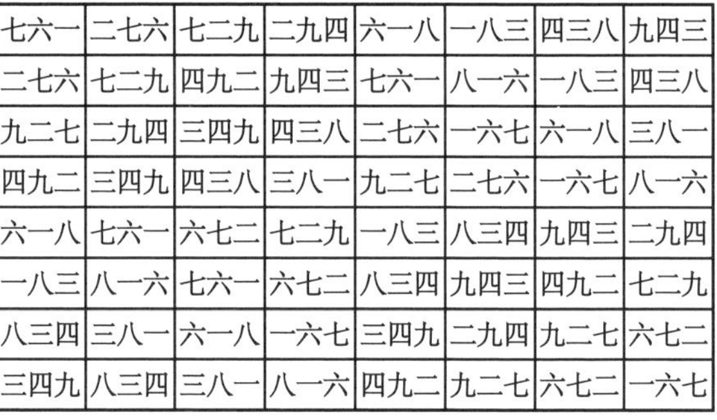

七六一	二七六	七二九	二九四	六一八	一八三	四三八	九四三
二七六	七二九	四九二	九四三	七六一	八一六	一八三	四三八
九二七	二九四	三四九	四三八	二七六	一六七	六一八	三八一
四九二	三四九	四三八	三八一	九二七	二七六	一六七	八一六
六一八	七六一	六七二	七二九	一八三	八三四	九四三	二九四
一八三	八一六	七六一	六七二	八三四	九四三	四九二	七二九
八三四	三八一	六一八	一六七	三四九	二九四	九二七	六七二
三四九	八三四	三八一	八一六	四九二	九二七	六七二	一六七

三　先天六十四卦卦炁周天數息圖并詩二首

〔一〕

時空相續炁迴旋，運數追踪日月邊；
兩兩錯綜全八序，三三參伍會三元；
卦分先後調生息，數合圖書體用全；
熟演自然能識趣，更無他徑到華巔。

〔二〕

縱橫一炁位爻明，定律生來確有因；
水在行中方是衍，立由六合不離人；
異同參透生成理，反復追踪内外情；
三極旋迴三五一，八綱四序運全程。

四	**二**	七	六	**九**	九	七	**三**	八	九	**六**	二
二	**八**	九	四	**三**	七	九	**七**	六	一	**二**	四
一	**三**	八	九	**六**	六	八	**二**	七	六	**九**	三
九	**九**	二	七	**四**	四	二	**六**	三	八	**一**	七
八	**二**	一	六	**七**	三	一	**三**	四	九	**八**	六
二	**八**	三	四	**一**	七	九	**七**	二	一	**四**	四
一	**一**	八	三	**六**	六	八	**四**	七	二	**九**	三
三	**七**	二	一	**四**	八	六	**八**	三	四	**一**	一
四	**六**	一	二	**三**	九	七	**九**	四	三	**二**	二
二	**二**	九	四	**七**	七	九	**三**	六	一	**八**	四
一	**九**	四	三	**二**	六	八	**六**	一	二	**三**	三
九	**一**	二	七	**六**	四	二	**四**	三	八	**九**	七
八	**八**	一	六	**三**	三	一	**七**	四	九	**二**	六
二	**四**	九	八	**七**	七	九	**一**	六	七	**八**	四
一	**九**	八	三	**四**	六	八	**六**	七	二	**一**	三
三	**一**	六	七	**八**	八	六	**四**	九	八	**七**	一

四	**八**	七	六	**一**	九	七	**七**	八	九	**四**	二
二	**四**	三	八	**九**	七	九	**一**	二	七	**六**	四
一	**七**	八	九	**四**	六	八	**八**	七	六	**一**	三
九	**三**	六	一	**八**	四	二	**二**	九	四	**七**	七
八	**六**	七	二	**一**	三	一	**九**	八	三	**四**	六
二	**二**	三	四	**九**	七	九	**三**	二	一	**六**	四
一	**七**	四	九	**二**	六	八	**八**	一	六	**三**	三
三	**三**	二	一	**六**	八	六	**二**	三	四	**九**	一
四	**四**	一	二	**七**	九	七	**一**	四	三	**八**	二
二	**六**	三	八	**一**	七	九	**九**	二	七	**四**	四
一	**一**	四	三	**八**	六	八	**四**	一	二	**七**	三
九	**七**	六	一	**二**	四	二	**八**	九	四	**三**	七
八	**四**	七	二	**九**	三	一	**一**	八	三	**六**	六
二	**六**	九	八	**三**	七	九	**九**	六	七	**二**	四
一	**三**	四	九	**八**	六	八	**二**	一	六	**七**	三
三	**九**	六	七	**二**	八	六	**六**	九	八	**三**	一

卷二

理玄篇

序　詩

玄旨成章反復裁，曾經演數識圖來；
易微引喻談精髓，數理清源議法規；
兩間有形皆入象，八方無應不生暉；
這般哲理中華獨，對立圖書一統之。

上篇　七律六十四首

一

易外誰云有別傳，玄圖默象帝之先；
理宗太極歸黃極，數演先天用後天；
河洛真詮須識透，卦爻本義始明緣；
羲文周孔因時出，一脈相承體系全。

二

周易傳經本自圖，無中孕有溯源頭；
生成相應而形立，體用兼行則炁周；
擬象有因藏性命，卜爻成變運剛柔；
要知無限幽微理，祇在縱橫數内求。

三

孔聖老來唯好易，韋編三絶冀加年；
千秋典範追師表，十翼靈文啟後賢。
象象猶存秦火燼，圖書散佚漢無傳；
重光宋代希夷出，易學儒門早失源。

四

易學源流話古今，每將點畫訪知音；
成文已是多争議，無字終難得共鳴。
象數意言須有據，方圓曲直可通神；
尼山説卦循階進，順理成章論至精。

五

圖因狀體費疑猜，三極迴旋象數開；
始自一中生反復，便從八表論推排；
形羅隅正千章合，炁本玄黄萬象賅；
形炁圓通須着意，先天接踵後天來。

六

體本爲圓展作方，　寓形存義自思量，
圖分十幅全歸一，　卦演千章動是綱。
象數滙通源本現，　方圓分陣化生藏；
箇中至趣今方識，　八八相聯九九長。

七

圖文簡易窮終始，　一字圓明透碧微；
萬水迴流歸大海，　千山繞翠拱須彌；
追踪覓迹求真理，　返本還原制法規；
古聖傳心唯一貫，　由來象數是梯階。

八

萬物之生因得一，便從一字究玄黄；
假名説理稱矛盾，倚數尋根號法王；
設卦觀文皆有迹，立言盡意豈無網；
窮源遠溯羲皇代，仰我文明古上邦。

九

屈一圓成太極圖，陰陽闔奥箇中求；
循環莫誤尋端緒，建極還須運斗牛；
動静理從相對論，方圓數應瞬間周；
十圖演繹圖雖異，一體同參象數兜。

十

太極全圖擬象雄，大圜交疊啟鴻蒙；
三分積八排方位，一統重三用在中；
三極三才和鼎鼐，兩儀兩曜運西東；
乾坤闔闢真元會，天地絪緼造化通。

十一

太極生生定埋詳，宜將二項擬陰陽；
乘方所指方圓積，系數相加數變當；
不盡往來源闔闢，無窮變化本柔剛；
卦爻始書唯奇偶，卦象紛陳滿大荒。

十二

天地數全何所用，生成變化出圖書；
須從兩兩求真義，好向三三理故居；
數錯還綜因類聚，法參并伍用聯珠；
周天運轉風雲會，方顯玄圖信息殊。

十三

運數追踪探易奇，變從一始復奚疑；
玄通不誤三三訣，靈應唯將五十依；
二八交加生瑞靄，九三往復意迷離；
四關六合傳消息，七九圓成立道基。

十四

易圖一衍一源無，易理傳心一不孤；
對待以觀分主客，往來成變運乘除；
須從失得明消息，更向盈虛問起居；
七九因緣隨所有，圓明何慮不安舒。

十五

七九婆娑天地寬，左迴右轉幾盤桓；
縱橫八表全方位，闔闢雙關整體觀；
記取一陽初動處，何愁九炁混成團；
四時不忒循天度，象數推遷理炁端。

十六

河洛圖分體用藏，因常處變法圓方；
圓周率定談弧徑，勾股弦張論短長；
順逆見通還見阻，往來相得又相傷；
周天物運窮時義，萬象更新始一陽。

十七

易學窮源意氣豪，龍文煥彩喜今朝；
乾坤上下迴空際，日月東西時序交；
運動永恒須達變，平衡瞬暫要擒牢；
參今理數應圓活，稽古仍推萬意高。

十八

日出扶桑地處中，軸當南北運西東；
天盤刻度逾三百，日舍分纏十二宮；
九炁交流牛萬象，一陽來復返原踪；
自强不息天行健，祇是乾離造化功。

十九

洛書窮變喻魔方，九數排開六面張；
紫白循行聯兩極，璇璣運轉主中黄；
合而定局三重奏，散則成林一片蒼；
順逆往來依節度，八方通理任迴翔。

二十

大炁彌空喻道源，無方無孔不周圓；
虛同爲一原無以，變異成形體態妍；
萬物争榮非帝命，機緣相值得時先；
循環蛻化真常理，物質長存本自然。

二十一

不識先天形與炁，剛柔何處覓真踪；
相推應許聯姻眷，迭用還宜互感通；
順去逆來觀兩面，後升前降察三重；
易圖萬意窺天巧，俯仰玄穹數運空。

二十二

形炁交生卦象陳，八成圖上悟真因；
疊連自見雙環理，顛倒能通四野情；
運轉周天憑信使，管窺炁口候周星；
西南一角迴旋處，十二分宮紀歷程。

二十三

歷程運數走圓方，七九交生擺戰場；
內外串通聯四序，迴旋相應疊三陽；
定基有則須憑理，入首循章可導航；
類聚類成皆應物，亂雲叢裏隱奇芳。

二十四

呼吸相通大炁流，時行物與寫春秋；
三三演數三三理，八八巡方八八周；
四象往來成變化，五行生尅主沉浮；
卦爻象位皆言數，奇偶方圓虛實求。

二十五

先天一炁號虛無，數演三三歷門樞；
成象成形窮變化，本天本地運乘除；
卦分先後須連理，炁陟方圓可互居；
天地循環人物應，生消有數與時俱。

二十六

方圓錯位炁形交，變應追踪位與爻；
動實静虚隨炁運，出生入化役形勞；
啟三固本開基業，動七明機立釣鰲；
九五居尊臨萬國，璇璣迴轉斗牛高。

二十七

卦爻相應出方隅，七九周天顯象殊；
左轉右旋期有序，前呼後應豈無拘；
陰陽消長趨時否？順逆往來當位乎？
三極既安窮動變，六龍就範任馳驅。

二十八

建極隨方馭炁來，立人曰位貫三才；
安然定位須憑數，順理成章待入微；
左右逢源窮異義，始終明澈認同歸；
玄關中繼君知否？一統方圓論化裁。

二十九

陰陽相勝更相親，矛盾何妨別立名；
物極反成因盡利，數窮變應力圖新；
休將轉化猜圓動，要悟循環有屈伸；
四象往來爲本體，五行制化定方程。

三十

三圓成體運如飛，闔闢乾坤究易微；
中軸原由南北貫，兩支還自甲庚來；
三三通理雙關透，兩兩聯姻四序裁；
羅絡三般天地卦，宗支父母巧安排。

三十一

二八迴旋始炁傳，任偕奇偶結奇緣；
三三謂善還稱本，七九爲根又是源；
得理從三因見動，法門不二識當先；
參同易理源歸一，那管人間道與禪。

三十六

炁形交織走縱橫，八義推陳理出新；
八八周方尋定向，三三成變覓真因；
形雖具體終歸土，炁若清源自出塵；
原始要終還數質，宏微一體論幽明。

三十七

剛柔迭用喻推摩，迴轉因知變化多；
點滴不空同體位，錙銖必較異名何？
層層義理從茲出，物物幽情盡入羅；
屬意求通須立象，心中無數不生波。

三十八

一合全盤六位奇，　坎離交替走東西；
方圓聚會同參理，　主客争持共析疑；
一着佔先分勝負，　幾番籌劃切時宜；
工圖曲譜唯傳意，　易變何如一局棋。

三十九

世事如棋動局中，　三才察理古今同；
因時利導風雲變，　處境權衡愛惡攻；
卦理三層人事應，　心靈七竅化裁工；
運籌立意須求證，　待等三元一貫通。

四十

貫通由徑步天衢，爻位分明實與虛；
虛以受人人可立，實爲運炁炁行舒；
三三反復調宮度，七九周圓戀斗樞；
二五推遷窮至理，觀天之道執天符。

四十一

日月經天馭炁輪，一陽來復物更新；
與時偕極還無極，隨步登程信有程；
數立象生緣炁立，圓神方知用通神；
誰知易學幽微處，恰在昭昭兩曜明。

四十二

取類稱名明數序，方圓天地有安排；
乾坤主體形同列，離坎爲媒炁不乖；
兩兩相推形炁合，三三互變縱橫來；
千紅萬紫曾相識，盡在圜中應景開。

四十三

八卦清源萬類先，陰陽奇偶自周圓；
三三組合皆形象，兩兩迴旋但倒顛；
法象逼真生定則，變通應理逐時遷；
都緣一炁傳真息，爻位分明體用聯。

四十四

八八成圖圓與方，運行生物兩相當；
三三通變趨時義，七九周圓逐曜忙；
理以三通偕戊己，真由十具合陰陽；
通真達理成功業，大易精微不易量。

四十五

卦應三才人首重，調和四序力求通；
縱横察理須連理，反復尋踪便識踪；
往屈來伸生感應，關天係地動雷風；
求因證果方圓就，一炁生消貫始終。

四十六

潛心演繹證圓方，體用聯通反復詳；
動靜互根迴步穩，陰陽相感逐波長；
數中有數從心起，元復生元放眼量；
道是旡源來闔闢，生生不息運柔剛。

四十七

陰陽順逆探玄妙，動靜根源一體中；
虛實實虛尋動向，始終終始認同宗；
卦爻相應經天度，節候分明適過宮；
物本順成推理逆，往來復姤定西東。

四十八

三一居方因定位，圖書互證要深探；
三生萬物天行令，一統山河帝面南；
色彩繽紛觀景勝，水源清澈飲來甘；
務虛履實當明意，象數天然理內涵。

四十九

七九周天三百六，爻爻應向炁機窮；
八方居位三元位，九炁行中一瞬中；
失得要明反復理，盈虛還問去來蹤；
順時達變三般卦，兩片陰陽運化工。

五十

旡運三三歷九垓，隨方還復就圓來；
三陽開泰三才建，六出飛花六合裁；
日月輝光籠晝夜，坎離精氣佈蒿萊；
天旋地轉調時序，資始資生一理賅。

五十一

六建時成御六龍，陰陽萬變總歸宗；
運爻由義探情僞，守位居仁自固躬；
動静乖方須慮險，往來識向不迷踪；
處中制外乾綱振，定點尋源一貫通。

五十二

乾坤部首二元真，出入黄中各有門；
運轉三三歸土釜，迎來七九會金英；
爻分等系聯姻眷，物煥光華自出群；
以大而終人得一，人天一理話生成。

五十三

三五傳真理字裁，東王西里兩無乖；
至尊一土承天位，衆庶資生力地來；
理數互推方識理，迴旋相應便能回；
返還自有真消息，一證涵三字義賅。

五十四

若問玄機玄字量，字形字義細推詳；
形如雙扣連環結，義本葫蘆妙藥藏；
一盞瓊漿來北海，九重丹詔降扶桑；
願君通達玄中秘，琴劍圖書一擔裝。

五十五

贏得篇名號理玄，全憑繹一識真詮；
圖書有據分經緯，象數無垠運大千；
舉一反三安本位，因三建九復乾元；
環環緊扣循循理，天地悠悠億萬年。

五十六

真一難圖三五精，玄篇無意寫丹青；
但宗河洛清源本，更説幽微寓意明；
數串珠聯環若扣，炁行形轉自相成；
準繩導向存心易，五掌陰陽運大鈞。

五十七

從無到有自天然，點畫聯通體萬千；
數演三三明進退，理參兩兩定坤乾；
周天事物歸形象，一統清寧系道源；
大易探微何所據，潛心請讀繫辭傳。

五十八

玄空悟澈見光明，　數數原來亦强名；
生息相關尋至理，　形神融合返天真；
易書昭示陰陽訣，　卦象敷陳日月精；
無字經真無所有，　至虛統實自通靈。

五十九

大易流傳不計年，　外著内聖隱真詮；
法源七九乾坤判，　數演三三水火添；
理察三才賅萬象，　炁行八表運機元；
日恒月變圓成易，　字義分明動静兼。

六十

逆旅同悲萬古塵，來從何處去何匆；
尋源要得靈根見，返本須求甘露淳；
情僞難明因設卦，吉凶可卜驗爻行；
周天卦炁纏宮度，幾歷滄桑識廢興。

六十一

易圖本是先天學，不識真源難得知，
成理成圭誰解悟，見仁見智各相持；
十圖一衍爲君説，九炁三迴請自思；
道不虛行遵聖訓，臨岐證一可爲師。

六十二

生天生地與生人，　一始從無道立名；
道德五千言性命，　陰符三百務精純；
黃皇立極尋根脚，　玄妙爲門問渡津；
七返九還方了一，　圓通無上證全真。

六十三

性命根源不易傳，　古今賢哲幾通玄；
無言道本終難顯，　有識圖文始會緣；
願假九三談數理，　誰從一十續全篇；
理窮了悟真如性，　大道由來法自然。

六

大炁形無象亦無，隨方入數證圖書；
水源源遠陽來復，木本本强德不孤；
妙物爲言神炁駐，因時而變正方隅；
五行須是尋根脚，法象天行運斗樞。

七

易理求通要識源，失源無據悟真詮；
繫辭章節多明象，説卦開篇倚數先；
漢宋分庭言喋喋，圖經异趣復年年；
見仁見知餘天則，數理翻新證自然。

八

遠而不禦言具限，靜正邇觀意擬球；
待識陰陽明動靜，須清爻位理剛柔；
無方無體探神炁，成象成形察事由；
一貫始終全理數，觀天之道證玄圖。

九

八方數立知綜錯，定位追踪察至情；
内外不同因識體，後先有別互爲根；
聯珠記取分虛實，合璧還宜辨僞真；
一貫三才尊九五，六龍就範御天行。

十

數可不拘唯應理，辭爲擬象意居多；
經文識趣尤宜玩，爻象明機重揣摩；
繼古接今承數息，鈎深致遠檢迴波；
易興中古疑今是，重整圖書發浩歌。

十一

七九方圓天地數，箇中信息別生成；
方居緯地九州建，圓動經天兩曜明；
類族五行生萬物，統歸一炁復天真；
生生化化元元繼，兩面圖文妙入神。

十二

三才通理正名王，一點承天作主張；
八極錯開天地數，六維綜合位爻忙；
大千世界生機暢，不二法門妙義長；
易道幽微傳萬代，淵源一畫肇羲皇。

十三

三易三圓三個系，陰陽八卦炁行周；
三爻成象三元貫，六位時中六合兜；
變以求通生反復，感而有應運剛柔；
成男成女方圓會，卦理三般細講求。

十八

乾坤毀則易無見，七九圓明理自通；
生息相關皆有數，始終銜接不參空；
一元周復調繩墨，五運循環緊步踪；
清理圖書源本現，全憑演繹顯神工。

十九

方圓一統涵生化，立地成形象謂乾；
人物居中體附地，時空相對日經天；
元元周復參中炁，息息相關任結緣；
河洛源清探易要，奇文應賞畫圖間。

二十

一貫三才理變通，推行無禦化裁工；
趨時有序承天運，盡利先機慮地慵；
不測陰陽神妙用，調和鼎鼐顯人雄；
六爻六位全歸一，易首乾坤物幻龍。

二十一

生生謂易源真炁，成象謂乾始建元；
物物自成一系統，環環相扣大周圓；
成形固本澆培地，復命歸真效法天；
原始要終呼吸共，乾坤二用可知然。

下篇　七律四十九首

一

羲皇畫卦開元會，捨數無由律自然；
西伯繫辭名始正，文宣十翼述真詮；
萬殊蘊義諸家議，返本還原一是源；
信息電傳今準易，推陳可許寫新篇。

二

易圖出土易當明，演繹圖書以著文；
理不虛生烝運數，位由人立象觀形；
源清自見元圓律，本正方知一易情；
信是成章真理順，雙懸指引出迷津。

三

圖經翼貫理真詮，演易應推衍一先；
要識剛柔通象數，須宗河洛證方圓；
佚圖既復難多士，斷翼宜糾惜後賢；
我欲鳴琴頌流水，遺音絕響越千年。

四

觀變陰陽立卦奇，根源河洛不須疑；
剛柔有體通明德，象數無言運坎離；
六子論親同父母，三爻遞變逐高低；
還從三五求真意，地卦分方易奠基。

五

天地文成逐曜忙，乾坤合德體柔剛；
陰陽相薄風雷激，終始成言盛艮方；
出震見離春日暖，役坤齊巽運思長；
應知水火須相逮，生化由來一炁揚。

六

象唯一畫分虛實，十數循環綜錯開；
炁以數行源闔闢，形爲狀物有安排；
八方呼喚風雷動，四象尋踪感應來；
識得此中玄妙理，成章探賾理三才。

七

一貫三才契論同，四時有序運寰中；
剛柔本立綱維立，順逆追踪序義踪；
二八爲門司出入，九三定局走西東；
大明終始全憑數，重理圖書易道通。

八

五十無關學易年，聯通三五話三元；
人天合一數相應，爻位分明理要連；
五主中黃形以立，十環雙扣炁迴旋；
三般變異明終始，一炁生消本自然。

九

八八裁方四四同，陰陽逆順漫追踪；
八綱綜錯剛柔濟，八序縱橫進退中；
一始源清傳信息，三生本立動雷風；
幽明互相稽蓍策，方知圓神一貫通。

十

得理於中始定邦，安然守位運柔剛；
順成章法承大運，復見天心有主張；
擬物爲言調五炁，因常處變法三光；
易辭會意毋膠柱，據數明機道德昌。

十一

一統方圓着意裁，三三爻位有安排；
水源木本源何處，火逼金行逼向誰；
四象示踪調二土，八方呼應理三才；
存真去僞探虛實，七九圓明道路開。

十二

四序乘除運八綱，錯綜參伍著文章；
外聯天地方圓會，内引乾坤日月長；
虛實相乘銜首尾，縱橫應理易柔剛；
三三外内三三數，八陣循環一理詳。

十三

重卦追踪八義全，往來復姤運周天；
順形逆炁三三則，反異復同七九聯；
虛實錯開行住處，始終吻合炁形圓；
生成應理參天地，二八樞機斗柄旋。

十四

八卦根源數作成，法天象地一元真；
三三則定剛柔濟，七九踪追日月明；
寓意化裁興大業，觀文致用立方程；
錯綜參伍窮時變，河洛圖書萬古新。

十五

卦炁周天佈太和，欣看七九舞婆娑；
物生見象興元運，位正居方聚氣多；
二八縱橫聯戚誼，三三外內結絲蘿；
四時有序須通變，成始成終艮不訛。

十六

萬殊本一理通幽，七九圓明太極圖；
左右逢源皆信息，後先呼應合剛柔；
時行時止因時發，志應志窮與志謀；
莫道易辭無所據，一統乾坤萬象兜。

十七

聰慧難詮一字經，須憑演繹識方程；
務虛履實符天則，原始要終質數存；
八序互聯形炁應，六爻相雜意言生；
圖書出土靈光現，五十傳心古到今。

十八

大易源清一不虛，陰陽奇偶證圖書；
三圓成體排方位，九炁行中立斗樞；
通變要能明闔闢，化裁方可運乘除；
卦爻寓意原由數，四象追踪信有符。

十九

反復追踪天地炁，往來逆順主中裁；
三元一貫數相納，九炁三迴理不乖；
四序調時終合一，八綱運炁五爲媒；
九宮八卦玄中秘，律契時空萬象賅。

二十

終始大明求質數，中樞設位立方程；
三三前後參同理，七九西東辨異名；
數別生成因着意，卦聯形炁以通情；
乾坤闔闢方圓會，易日生生時際春。

二十一

天地循環一炁傳，化裁開物運方圓；
中樞五主因言止，外內十圓識以全；
類聚無方神炁散，群分有則傍誰邊；
玄關打破明消息，原始要終妙在乾。

二十二

四象由來各有因，炁源形體兩分明；
三三綜錯無窮趣，七九循環不了情；
類聚類成皆應物，本天本地逐時新；
三才達理須通變，四序調時論五行。

二十三

八卦真源一字無，法天象地證圖書；
須從止義明終始，好計行程歷斗樞；
七九時空生象意，三三生化運乘除；
三重易序三般卦，說卦名篇名實符。

二十四

易源始一理通玄，一體三分四八旋；
序義綱維全是數，倒顛叠合混成圓；
三三綜合剛柔濟，兩兩錯開動静兼；
翼貫圖經宣説卦，人天理順象稱乾。

二十五

索引圖編七九交，一元周復日輪高；
三重序列人安位，四象傳呼炁自調；
順理形成觀自在，同心復見茁新苗；
規天矩地三般卦，兩面乾坤一擔挑。

二十六

一理參同易道通，　地三天七繞西東；
八綱八序縱橫有，　八義八維出没中；
守位居仁尊人寶，　運爻由義返鴻蒙；
時行時止人天應，　十翼明經復聖功。

二十七

三五一三三五一，　數源河洛演先天；
三三組合參同异，　二八交生論後先；
順去逆來明動變，　地生天化結人緣；
至理不窮探易奥，　理窮性盡復乾元。

二十八

三三五一三般卦，入首三層二八周；
内炁一源同位素，外形用五證河圖；
倒顛認取真消息，疊合還須反復求；
天地循環人物變，大明終始待從頭。

二十九

易陳天道闢鴻蒙，大炁沛然數息通；
約法毋忘不可遠，成章得理位乎中；
卦分先后相銜接，象合陰陽互認宗；
兼兩三才重說卦，同功異位慎初終。

三十

意啟心音立日傳，日中見數本天然；
三三交錯調方位，七九巡空兩曜圓；
二八運樞歸一統，九三局定會真元；
繫辭所貴明真意，說卦原由立象先。

三十一

先天易學日玄空，七九合成道路通；
數別生成懼外內，卦分先后喜交融；
象唯證一探生化，理以涵三辨異同；
十翼傳心陳四象，三元一貫御龜龍。

三十二

三八縱橫卦序排，成章約法理三才；
三三不易唯形炁，七九交生互往來；
變動不居隨炁運，揆方類聚與時偕；
陰陽數度雙懸著，一統方圓三易賅。

三十三

太極生生以衍一，兩儀四象一元陳；
三才通理時空物，六合觀文體性情；
八陣居方虛實互，九宮行炁利亨貞；
法天五運傳消息，大易源圖十翼經。

三十四

七九交生論後先，始終明澈位爻牽；
八綱四序三層理，九轉三迴一瞬間；
去偽存真虛實互，刪繁就簡話方圓；
周天動變探生化，河洛傳真一炁旋。

三十五

認卦尋爻三八四，都來八陣運寰中；
三三前後分先後，七九旋迴辨異同；
位正形成交水乳，爻行炁動貫始終；
周天數度雙懸著，律契陰陽建歲功。

四十

象數筌蹄言意生，虛空一着便成因；
象為假設須求證，數自天然理法存；
終始大明方得趣，剛柔有識可通神；
易圖始奠華文化，本正源清又日新。

四十一

圖書演繹先天數，順理生人屬後天；
卦立三才存定則，炁團九轉始周圓；
時空有物傳生息，體性因情形炁全；
十翼明經何不識，都緣圖佚失真源。

四十二

天參地數合觀文，八序推敲玩則明；
兩兩三三聯卦炁，真真假假辨生因；
以同而異剛柔易，治曆明時歲月新；
寓意由人憑數息，科研今證易圖神。

四十三

卦爻寓意因由數，聯數玩辭萬象開；
意啟心音當立日，玩通元運貫三才；
八綱顛疊更程式，八序縱橫組合來；
六合觀文窮動變，剛柔推易自量裁。

四十四

居方辨物爻分等，立不易方卦日恒；
東北喪朋終有慶，西南同類月華明；
生成應理成為貴，奇偶分踪偶屬陰；
七九往來生息定，乾坤二用用通神。

四十五

混元一炁炁團包，七九周天立卦爻；
四序明時依斗柄，八方定位日輪高；
生成互見異同理，正反相乘形炁交；
五主中黃涵造化，玄圖衍數漫推敲。

四十六

推敲有翼可明經，成象謂乾幽贊神；
明在陰陽分左右，幽通反復別生成；
佚圖失數難為據，斷翼離經理不伸；
貽誤又將千載後，願陳玄旨發清音。

四十七

不信圖中別有天，聯通八序便成緣；
陰陽法則參奇偶，進退原由論後先；
觀象立名窮變化，成文設卦理絲絃；
示踪四象隨時異，順理成章法自然。

四十八

三三理數走縱橫，八序聯成天地文；
道路認真防有失，時機理順自亨貞。
三千裹地飄零客，五十餘年闡易忱；
雙目雖殘心不老，小成亦可慰平生。

四十九

數運周天紀一元，追踪兩曜理通玄；
圖書寓數源流出，經翼成文序卦傳；
一點靈犀參本義，三重窺管覓真詮；
易微演數承河洛，留與人間結善緣。

跋　詩

詩意應由理數窮，慎思勤演便能通；
三三致用因時異，九九還原復聖功；
八陣循環傳不息，三元貫串理非空；
若然問我師傳處，頂禮青城數震宮。

卷三

管窺篇

上篇

一　易圖釋意

〔一〕

易統道、象、理、數。太極主理，河洛主數，八卦主象，圖示甚明。唯道之義，則寓於『易』字之中，即所以始終貫串於易圖之中。

易字從日從月，月變其形，『一陰一陽之謂道』者，日象乾陽，月屬坤陰。日月經天：月行九道；而日有常經，東西出没以分晝夜，南北往來以定寒暑，故以日爲元*，

* 參見邵雍《皇極經世》有關論述。

四時遞嬗，周天數足，終而復始。故曰：『陰陽之義配日月』，而『生生之謂易』也。於以見道法自然，動靜相兼，陽統陰從，一炁迴環之無端矣。

陰陽法則之寓意於易圖，以色明理，運數示踪，因畫辨義，而象數之理始終不越日月運行之『時義』，此易圖之所以統之於『日月爲易』之道也。

〔二〕

《論語》：『誰能出不由户，何莫由斯道也。』是言道爲常經，乃出入門户必由之路。

《中庸》：『道也者，不可須臾離也；可離非道也。』是言道歸自然，如呼吸之輿大炁相通，生息相關。

《說文》：『道』字從首從走。首走有開拓兼拓展之義。物各有理，事理既層出不窮，而物物相感，相互又變應莫測，然萬變不離其宗，統歸陰陽動靜即自然之道。

三陳道義，以見道法自然；一貫始終，還須循圖釋意。

〔三〕

易圖始自太極，然世傳者僅爲其半，陰陽互根互藏之理甚明，而往來相推之義難見。『日往則月來，月往則日來，日月相推而明生焉，寒往則暑來，暑往則寒來，寒暑相推而歲成焉。』此以日爲元，周天之往來也。『是故蓍之德，圓而神；卦之德，方以知』，而『神以知來，知以藏往』。此言卦蓍之往來也。『八卦相錯，數往者順，知來者逆，是故易逆數也。』此因順逆以見象數之往來也。

太極反復以成全，然後『六爻之動，三極之道也』之理見。

太極動而爲陽，静而爲陰，所謂動静，如人之履步，不止不行；如波之遞傳，不伏不進，所以動靜相兼，順逆相成，固乃自然之理也。

所以太極主理，稱名雖多，不越出陰陽對待往來之範圍，故曰『理由對待』。

〔四〕

太極圖極簡，一筆可畫成，而寓意極深。道、象、理、數無不具在其中，此大易真諦，是即一元浩炁之生生不息也。天地萬物之『生息相關』也。

太極反復以成全，設想爲一完整之圓球體，球體之形成，從無到有點，點延伸而爲綫，綫一合以成圓，圓動而成體。

夫易『以言乎邇，則靜而正』，故因圓球體之『靜正』，三分積八以象八卦，而三極、六爻均可從動中覓得依據。

圓球體三分以成八瓣，其形狀大小一致，每一瓣三個半徑及弧徑之長度，三個扇面之面積，又皆一致。因此，三三數組，三爻成象，象數往來之理可因之而形象化。

〔五〕

『河出圖，洛出書，聖人則之。』《河圖》五行天地生成全數，『五位相得，而各有合……』所以成變化者，要從『參伍以變，錯綜其數』入手。

『參伍者』，『參天兩地而倚數』，爲數數三三兩兩之組合。

『錯綜』者，『方以類聚，物以群分』，『本乎天者親上，本乎地者親下，則各從其類也』，錯開爲『闢』爲『放』，綜合爲『闔』爲『收』。

是故參伍錯綜，亦即數數按一定規律進行之排列組合。

〔六〕

『河』『洛』之數，一體一用，體爲常，用爲變，因常處變，存在於一體之中，亦猶動與静之對待。

形圖八幅請見卷一《靈犀篇・下篇》)。

『體本爲圓展作方』者，便於演繹追踪也。

〔九〕

炁形圖八幅，按八序編排。八序來由，本於《河圖》。然據《洛書》數，左右得二序；二八易位得二序；三三演繹，首尾呼應，共成八序。於以見河洛運數之統歸一體。《河圖》正反兩面，一生一成，明太極之反復；《洛書》左右兩方，一進一退，見金火之位易。

茲將八序列示如次：

九八七六　　四三二一
七四一八　　二九六三
九四三八　　二七六一
三八一六　　四九二七

八序分別冠以天、地、圓、方、乾、坤、離、坎之名，此爲數數四四組合之『天地之文』。以其每一數字皆隨旡運而『變動不居，周流六虛』，是故『不可爲典要』而『唯變所適』。

八序命名，通過演繹，慎思明辨，自得其意。

（十）

『旡形圖』八幅重疊而成爲一圖，謂之『八成圖』。八序之動變往來備具其中，所以爲『大展鴻圖始發蒙』也。

『八成圖』十字中分，四方應相同，故認其一角，以盡展圓爲方，顛、倒、疊、合之妙用。

通過演繹，將呈現數數兩兩之組合關系，即在『一、二、三、四、六、七、八、九』八個數中任取一數，與包括其本數在內所有八個數之對應關系，分別命名爲反、復、順、逆、旡、形、同、異，統稱『八義』，是乃數理之本也。

茲以二爲主，示例如次：

反　二一　炁　二四

復　二九　形　二六

順　二三　同　二三

逆　二七　異　二八

『八義』命名本之經、翼，順逆固不待言。『復』爲卦名。《雜卦傳》：『復，反也。』『睽』卦大象：『君子以同而異。』《繫辭傳》：『精氣爲物（炁氣原本一炁，用分先後），在地成形』。『八義』寓意，還將從演繹過程中得到更深理解，以見『理出於數，數本乎理』兩者之間之辨證關係。

《易書》『分宮卦序』，其各宮是即『八義』之組合。茲以乾宮爲例，列示如次：

乾為天　九九　同

天風姤　九二　復

天山遯　九六　順

天地否	九一	巽
風地觀	二一	反
山地剥	六一	逆
火地晉	三一	炁
火天大有	三九	形

『八義』其『分宮卦序』之由乎？此中應注重炁、形，即俗稱『游魂』與『歸魂』之兩卦。

〔十二〕

檢查『炁形圖』，其三二數組首尾兩數之對應關係，不論主賓，只有下列八種組合形式：

一三	二四	六八	七九
一七	二六	四八	三九

三三演數，首尾兩兩，非炁即形，故謂之『炁形圖』。

〔十二〕

剛柔兩字，《本經》逐卦無不言之，於意云何？《十翼》多有比喻，兹從《繫辭傳》及《説卦傳》中，節録數段，以作對比：

『動静有常，剛柔斷矣。』

『上下無常，剛柔相易，不可爲典要，唯變所適。』

『分陰分陽，迭用柔剛，故易六位而成章。』

『剛柔相摩，八卦相盪。』

『剛柔相推，而生變化。』

『剛柔相推，變在其中矣。』

故謂『剛柔者，立本者也』。承前『炁形圖』一語破的，剛柔者，是乃形炁也。

〔十三〕

日月經天，而四時八序，二十四氣，以紀一元之中，大炁之行經者，是爲常經也。然『道有變動，故曰爻』，而『六爻發揮，旁通情也』，驗證情之真僞，或有不由其道，所以『易窮則變，變則通』，而『變通者，趨時者也』。要能變通，必須順應時機，然後『通則久』。所以，『時機』在易中占有極重要之位置。

本經之於『時』，亦幾乎無卦不言，如『時義』、『時中』、『時止』、『時行』、『大明終始六位時成，時乘六龍以御天』等等。雖皆言時，其機不同，變以求通，歸於常經，此趨時之至義也。

〔十四〕

八卦圓圖之論後先，即是『體用』。而卦象之類族五行，要明其應居之方，是爲本位，否則皆卦炁之行經也。故謂『地畫八卦』，而八卦之所重者，『方位』也。『八卦以象告』。說明卦之以象爲主。而象之確立，本於類族五行。五行分方，來自《河圖》數位。因此『設卦觀象』，『立象以盡意』，其卦象所屬五行應與《河圖》取得一致，然後當河洛炁行，『爻象動乎内』，『而吉凶見乎外』之時，不致無所適從而失主宰，此分方定位之要義也。

〔十五〕

『方位』兩字，寓意有別。『方』本自然，『位』由人立。方從日在一元之中出没往來之位分，五行四象已寓於其中，故曰『方』本自然。而『位』從人立，人爲萬物之靈，即以之代表萬物。『立』者，立卦象也。象以狀物，類歸五行，故曰『位』由人立，以合圖文。

由此推論，方以象徵自然，爲時間之流逝；位以容納事物，乃空間之存在，兩者結合爲『元中分元』，即『生生之謂易』也。

『與時偕極還無極，隨步登程信有程』。

〔十六〕

綜觀八卦，四正四隅，陽統陰從，衹是四方；方圓錯位，一反一正，便分賓主。主賓全處於動態之中，固乃自然之理也。

『恒』卦大象曰：『君子以立不易方』。『艮』卦大象曰：『君子以思不出其位』。由於方位動變，可以導致主賓易勢，所以孔子有『何以守位曰仁』之誡，不可不慎也。

〔十七〕

天地炁運，數合自然，『精氣爲物』，而『萬物資生』，物各有象，象隸五行，而仍隨炁運。所以，『天地絪緼，萬物化醇』，則炁氣相通，生息相關，先天後天之旨，即此可見。而象數匯通，先後天八卦圓圖之合洛書，乃順理成章之事矣。

〔十八〕

『觀變于陰陽而立卦』之卦，承『參天兩地而倚數』來，『數紀炁運』，故稱『卦炁』。『聖人設卦觀象』之卦，從『立象以盡意』來，『象以狀物』，故稱『卦象』。

『在天成象，在地成形，變化見矣』。『卦炁』、『卦象』，分隸象、形，兩兩結合，是爲形炁交生之由來。

『卦炁』、『卦象』，各有其序。

『卦炁』由來本乎數，故其序以『數序』名：即乾九、震八、坎七、艮六、兑四、離三、巽二、坤一。或謂『父統三男，母統三女』者是。

『卦象』由來起於形，故其序以『卦序』名：即乾一、兑二、離三、震四、巽五、坎六、艮七、坤八，或稱『先天卦序』者是。

『數序』與『卦序』，一主炁而一主形，形炁交生，兩種序數之統一，至關重要。

〔十九〕

卦屬五行不變，應爲二序之致一；陰陽形炁之交生，推窮三易之變遷。如以『先天八卦合洛書圖』左轉四卦，『卦序』不動；右旋四卦，『卦序』加一。另成乾一、兑二、離三、震四、巽五、坎六、艮七、坤八之序，取代卦序，而繪成圓圖。卦序左右，序列乾坤，『乾坤成列，而易立乎其中矣』。乾坤之一闔一闢，即是『卦序』之一進一退，故曰『變化者，進退之象也』。循理推求，其義固未可勝言也。

象數三重序卦圖，乾坤闔闢溯源頭；炁行反復須明辨，進退由來一字兜。

象數合序圓圖

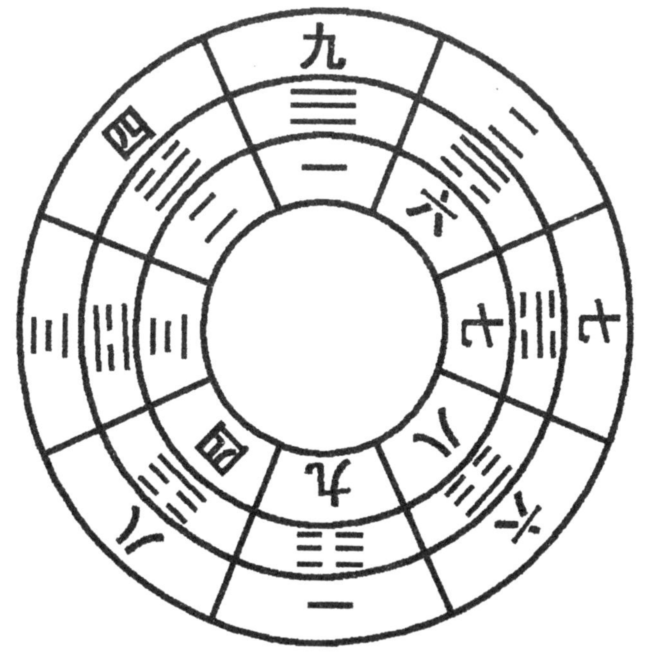

〔二十〕

方圓交錯，形旡往來，動静相兼，故分爻位。所以，『八卦成列，象在其中矣』，乃旡形之統一；而『因而重之，爻在其中矣』，爲旡形之往來。前者屬方，地方生物，因瞬暫之平衡；後者屬圓，天圓運旡，乃永恒之運動。所以前人謂：『圓圖象天道運行，方圖象地道生物。』非無據也。

唯初太始，大旡冲漠，本無朕兆。絪緼鼓盪，生機一點，應時而至。所以萬物之生，有待『一陽來復』。『元中分元』謂之『得一』，是『物物一太極』。盗旡自天，得之固適逢其時而『與時偕行』；失之亦必以時而『與時偕極』，是乃自然之理數也。

邵氏《皇極》，以圓圖爲生生之數，皆『已生之卦』；方圖爲化化之數，皆『未生之卦』。所以先天六十四卦方圓兩圖，分之以明其旡形體用之不同，而又必合之，以見『天變時而地應物』之妙用。

〔二十一〕

方圓一統，萬象包羅，生生化化，全在一個大圓之中。所以始自太極，終於方圓合圖。十圖祇有圖旨寓意之不同，而明『一』之主旨始終如一。總道、象、理、數而以『道歸一元，理由對待，數紀炁運，象狀事物』。萬物之寓形於天地之間，生息繁衍，貫一炁之始終，源本大自然生生化化之機也。

『千紅萬紫曾相識，盡在寰中應景開』。

二　《翼》貫《圖》、《經》

（一）

孔子『翼』易，本『一』爲無文字之易圖與有文字之《本經》之間，開闢通道以通『天地萬物之情』。參悟《河洛一源圖》自得其要，故孔子曰：『吾道一以貫之。』

《十翼》五篇，分別爲《繫辭傳》、《説卦傳》、《序卦傳》、《雜卦傳》及《文言》。『翼』而曰『十』，『一』走縱『——』、橫『一』合『十』以象陰陽之交，取義與『日月爲易』吻合。

《圖》、《經》與《翼》三者構成一完整之易學體系。出有入無，還歸太極；從無到有，『順理成章』；《翼》爲樞機，故曰《翼》貫《圖》、《經》。

〔二〕

文王、周公繫辭於卦、爻之下，而始作八卦溯源伏羲，其間前後相去三千餘年，一其『卦形』而内藴有别。

伏羲畫卦源本天地炁運之以數示踪，『觀變於陰陽而立卦』是爲『卦炁』，乃自然而然之『已生卦』。

文、周繫辭追踪萬物生化之『見象』顛末，『聖人設卦觀象』是爲『卦象』，爲人法自然『制而用之』之『未生卦』。

《本經》『設卦觀象』以追踪自然而然之『卦炁』，是爲『通理三才』，故立『三才之道』以通『天地萬物之情』。易『順理』而『六位成章』，章回有卦、爻、象、位，孔子述《翼》明《經》，此前冠以『聖人』二字，孔子絶無自稱『聖人』之理，故其用意極爲明確。

茲引證數節於次：

『聖人設卦觀象，繫辭焉而明吉凶，剛柔相推而生變化。』

『聖人立象以盡意，設卦以盡情僞，繫辭焉以盡其言，變而通之以盡利，鼓之舞之以盡神。』

『聖人有以見天下之賾，而擬諸其形容，象其物宜，是故謂之象；聖人有以見天下之動，而觀其會通，以行其典禮，繫辭焉以斷其吉凶，是故謂之爻。』

『昔者聖人之作易也，幽贊於神、明而生蓍；參天兩地而倚數；觀變於陰陽而立卦；發揮於剛柔而生爻；和順于道德而理於義；窮理盡性以至于命。』（《說卦傳・首章》）

『昔者聖人之作易也，將以順性命之理。是以立天之道曰陰與陽；立地之道曰柔與剛；立人之道曰仁與義。兼三才而兩之，故易六畫而成卦；分陰分陽，迭用柔剛，故易六位而成章。』（《說卦傳・次章》）

以上文句、章段，可以互證參詳。『設』爲『假設』，『象』有待『立』，『將』爲『將要』，

〔五〕

本『一』衍圖，終始十圖，貫串陰陽對待往來之理。經承圖旨，繫辭命意，追踪陰陽動静變化之機。

『天地設位，而易行乎其中矣。』天地，二序也。『乾坤成列，而易立乎其中矣。』乾坤，又二序也。前者主炁，後者主形，形炁交生，炁機流動，而『天下之動，貞夫一者也。』『卦序』之合『數序』，右旋四卦，遞加一數，則一止正且静，以驗證乾坤闔闢陰陽動静之機，『萬殊本一貫全篇』之理可得矣。

『是故吉凶者，失得之象也。』『變化者，進退之象也。』『六爻之動，三極之道也。』是皆一之所貫，貫要貫中，以見二五推遷之妙。

〔六〕

易首『乾坤』，《文言》尤重乾卦，以其爲綱領中之綱領也。

『乾元用九，乃見天則。』天則者，一炁回旋，陰陽之終始也。道歸一元，乾爲統帥，故『乾』之大象曰：『天行健，君子以自强不息。』『乾』《彖》曰：『大哉乾元，萬物資始。』『坤』之用六曰：『用六永貞，以大終也。』追踪『時義』，故『乾』《彖》重申：『大明終始，六位時成。』三個『大』字貫串陰陽之終始。大者何？人得一也。一失一得，所以爲『乾知大始，坤作成物』。而『一陽來復』，周而復始，是即『生生之謂易』也。

〔七〕

易之擬象，仰觀俯察，近取諸身，遠取諸物。更爲廣象，觸類旁通。然『其稱名也，雜而不越』陰陽對待之範圍，此太極圖之所以包羅萬象也。

易、卦、爻、位四字皆寓象意於字中。日恒月變，陰陽合易。波推浪涌，以狀爻行。位以立人，以示物之存在。卦卜合十，屬意二五推遷。犹如人得一以成『大』，一貫三而稱『王』，群取『君、羊』，義從『羊、我』。凡此類例，要從字中象形會意，又非《說文》

所能盡載，所以讀易重在悟意化裁。悟亦有説，悟古作悬。心存二五，是即陰陽。意爲心音，音知立日。故以日爲元，元者貫陰陽之終始，本一炁之回旋，是即一也，復還太極，是乃圖經之致一也。

由於字藏象意，所以轉載經文，不宜易其字形，固可知矣。

中篇

一　整理《圖》、《書》振興中華易學

〔一〕

《圖象》爲易學之源，《易書》冠群經之首，源宗符號體系，首重《卦辭》内蘊，兩者應有以區分，而《卦辭》抽象於符號，符號演自數理，數理出於自然，自然者，天地之準則也，故《繫辭傳》云：『易與天地準，故能彌綸天地之道。』而乾卦之用九曰：『乾

元用九，乃見天則。』

天地之準則，顯闡爲天地之文，《論語》：『天何言哉，四時行焉，百物生焉，天何言哉。』天道無言，而四時行，百物生，年年如是，不離常經，是即天地之準則，顯示於人者也。上古聖人『仰觀俯察』，積累其然，因探其奧，於是效法自然，時行物與，終始一元，作成《圖象》，盡性至命，生息往來，契合人天，寫爲《本經》，然而觀於自無文字之易之《圖象》發展而爲有文字之易之《本經》，其間歷時竟達數千年，而自《本經》以至《十翼》之貫串《圖》、《經》，又歷時數百年，可以想見在作成易圖以前，不知曾有幾多聖哲默參造化，授受相承，更不知曾歷幾多世紀。故世傳伏羲畫卦，文、周繫辭，孔子翼易，此四聖者，因時而出，一脉相承，集前人之大成者也。

〔二〕

《圖象》乃先天易學，不立文字，而天地炁（氣）運之機，萬物生化之理，無不備具圖中，故康節云：『圖雖無文，吾終日言而未嘗離乎是，蓋天地萬物之理，盡在其中

矣。』是即太極、河、洛、八卦諸圖，以圖寓意者也。諸圖皆自太極推衍變換而來，爲《太極圖》之不同表現形式，始自太極，終於一統方圓（方圓圖即康節稱之爲『先天圖』者），總歸一體，故謂『一』也、《太極圖》之包羅萬象也。

〔三〕

《説卦傳》首章，要言易學由來，叙其程序，故《本經》之『設卦觀象』、『窮理盡性以至於命』，實爲後天之學。《周易參同契》：『坎戊月精、離己日光、日月爲易、剛柔相當。』最宜細玩。

《本經》卦首乾坤，乾坤者，『天地之撰』也，而『日月運行，一寒一暑』，觀於乾、坤、坎、離四卦，法象天、地、日、月，其三畫卦之卦畫，乾離一體，坤坎一體，祇是中爻陰陽相易，而《本經》要義，即在此天、地、日、月之間尋消息、時空之連續也，三個易之由來也。故《周易參同契》又云：『易謂坎離，坎離者，乾坤二用。』『陽統陰從，康節則以乾紀一元，且曰：『不知乾，無以知性命之理』，明示『乾元用九，乃見天則』之義。

《本經》六十四卦，乾爲統帥。一卦六爻，『乾元資始幻群龍』，其要在『五多功』。故『乾』之九五曰：『飛龍在天，大人造也。』《文言》：『夫大人者，與天地合其德，與日月合其明，與四時合其序，與鬼神合其吉凶，先天而天弗違，後天而奉天時，天且弗違，而況於人乎？況於鬼神乎？』考究寰宇之内，符合『大人』之準則者，唯自然爲然，故謂大易《圖》法自然而《經》承《圖》旨，『順理成章』而爲『天人一理』也。

〔四〕

《十翼》之文，明在《繫辭》、《説卦》兩傳，所以串通《圖》、《經》者，故其文有言『易』者，有言『易之爲書』者，在其分而不分之間，最要細心體察。

『神無方而易無體』，故可以隨方以就圓，圓動因成體，寓意象數而一統方圓。『易之爲書也』三章，則明示其『不可遠』，要在『静而正』以『原始要終』，窺見象數之本質，然後可因其『廣大悉備』而通理三才。

〔五〕

三才之道，人爲主體。運籌决策，開物成務，參贊天地之化育，乃易學之旨歸。然『天地之道，恒久而不已也』，『凡易之道，與時偕行』而又『與時偕極』，是爲時空之連續，故天地不息，人物則處於天覆地載、大炁循環之永恒運動之中以生以息。故謂『昔者聖人之作易也，將以順性命之理』者，『天變時而地應物』，順天以應人也。『故易六位而成章』者，六合一以立中，人主中以成位也。此前三後三義之所出也。是爲『元中分元』，康節云：『萬物之中各有始者，生之本也』之謂也。

然而天地炁運之循環，『元元相繼』，既皆有數據可循，則『元中分元』理宜同此，衹是先天后天炁氣之機在變換，溯其源本則歸之於一也。

〔六〕

不解何由，秦火以后，大易之源本《圖象》不傳，但存《經》、《翼》。漢唐以來，儒者之解釋『易理』，各抒其見，是謂『義理』，而非本於自然而然之『數理』。『義理』可以自

由發揮，釋易則難爲定論，而『數理』如日月行空之有常經，具有『一成不變』之圓規方矩，據以化裁通變，猶『自然數學』之有『定理』然，可以命題、假設而求證，故易謂通變者，通理三才也。

『變通者，趨時者也』，是爲合天時；『變而通之以盡利』，是爲取地利；而『通變之謂事』、『和順於道德而理於義』，是爲得人和也。

三才通理，盡在『易卦』之中，捨此則難爲『易』也。『仁者見之謂之仁，知者見之謂之知』，夫子固已先見之矣。

〔七〕

宋代以前《本經》失源，無《圖》可證，漢唐釋易，紛陳『義理』，不可厚非，及宋陳、邵諸賢哲傳出易圖，而當時儒者沿習時尚已久，囿於門户之見，或謂『易外別傳』，亦屬人之常情，可以理解，然而歷時至今又近千年，仍舊是『漢宋分庭言喋喋，圖經異趣復年年』，不但大易之體系未能契合，而『直譯』《本經》，辭面之義愈出愈奇，則當發人深思矣。

〔八〕

當前，人類社會已進入信息時代。信息之顯示與傳播，無不以數據爲先，至稱『數學爲科學之母』，而不知數學更是易學之母，十個數字之由來，即在於『易有太極』。『參天兩地而倚數，觀變於陰陽而立卦，發揮於剛柔而生爻』，大易之『立卦』、『生爻』在『倚數』之後。『參伍以變，錯綜其數，通其變，遂成天地之文，極其數，遂定天下之象』，大易之『成文』、『定象』在『錯綜其數』之後。

易本乎數，《翼》有明义，前人忽視有以然，今之學易者，則可以慎思而明辨之矣。

〔九〕

大易之數出於理，數理源於一，一即太極，逆推太極之理以至於無，無無以名，强

名曰道，而『道歸一元』，仍由數紀。

故數乃大易『顯闡幽開』之關鈕，『設卦觀象』之先幾，而『幾者動之微，吉凶之先見者也』。子曰：『知幾其神乎？』

是故『夫易彰往而察來，而微顯闡幽開』，在於『當名辯物』。『同人』之大象曰：『天與火同人，君子以類族辨物』，而『與人同者，物必歸焉』。因此，卦炁數源，理宜深玩。

〔十〕

數出於理，理法自然，悟其變化，始終一元。大炁充塞天地，信息則流行於天地之間，與炁交融，炁不可見，運數以追踪。

故謂『神無方而易無體』者，乃大炁之流行，視爲先天之本。『設卦觀象』、『立象以盡意』者，人物居於地上，分方以定位，立象以爲體，運數追踪以窮其變，而以契合自然爲『的』，則爲後天矣。此『易象』之所以爲『宇宙代數學』之因由歟？

〔十一〕

近年國内於出土文物中，已發現漢代以前《河圖》、《洛書》之存在，最早卦象原由數字組成；而從世界各國最尖端科研成果發來之信息，多有與『易學』相關：如所謂『超越科學之存在』、『遺傳密碼與易卦驚人之一致』等等，從而促使人們重新認識大易源流，修正研究方法。

有數斯有據，有據斯有理，理數據在，大易既非『玄學』，更非迷信可知。『易有太極』是爲大易理數根本。《河圖》、《洛書》分明理數體用。始作易者『仰觀俯察』本『自然規律』而作『易圖』，其中已包含『自然科學』。

是故正本清源，還大易之本來面目以復興中華文明，今當時矣。

易興中古疑今是，重整圖書發浩歌。

二　『易』、『道』、『一』與『太極』之匯通

（一）

史稱孔子『刪詩書、訂禮樂、修春秋、贊周易』，謂之集大成。《易》、《詩》、《書》、《禮記》、《樂》、《春秋》後世尊爲六經（《樂經》佚傳今存五經），而《易書》冠群經之首。

孔子嘗曰：『假我數年，五、十以學易，可以無大過矣。』又曾自敘曰：『吾十有五而志於學，三十而立，四十而不惑，五十而知天命，六十而耳順，七十而從心所欲不逾矩。』兩段文字，對照以觀，言『五十』若以年歲論之，則後者是而前者非。

既云學『易』，且孔子晚年好『易』至『韋編三絶』，則云『五、十以學易』者，當從『易』論，而『易者象也，象也者像也』。『易』之言象，有『物象』，有『事象』，更有『字象』、

『數象』、『五、十』之後續之『以學易』三字，據『易象』與文義，『五、十』理應爲『字象』、『數象』之類，當從《河圖》五行土之生數成數論之。

《説文》釋『十』曰：『數之具也，一爲東西、丨爲南北，則四方中央備矣。』其釋『五』曰：『五行也，從二陰陽在天地間交午也。』而『五』與『十』在『太極理數』中更有特殊運用之則，後文將述之。

故謂『五、十以學易』，其『五』與『十』兩字，乃『易』之『字象』，用『五』與『十』者，『將以順性命之理』入主中樞以成易道之變化也。

而孔子『翼』易之冠『十』，『十』之寓意，理宜同此。

・表示横直綫，交而爲十。

〔二〕

《論語》：『子謂子貢曰：汝與回也孰愈？對曰：賜也何敢望回，回也聞一以知十，賜也聞一以知二。』孔門三千弟子七十二賢，七十二賢之中，首推十哲，顏回子

貢，又皆爲十哲中之佼佼者，其差距寧爲十與二之比。

蓋此『一』、『二』與『十』，亦屬『字象』。意謂『陰』、『陽』與『陰陽之交』也。

〔三〕

《論語》：『子貢曰：夫子之文章，可得而聞也，夫子之言性與天道，不可得而聞也。』孔子學兼聖王，而『易』爲内聖之學，并未傳之大衆。

孔子整理古籍，唯『易』曰『贊』，曰『翼』，餘則曰『删』，曰『訂』，曰『修』，一字定音，可品韵味。

至於《本經》、《十翼》文中之言性與天道，要在『神而明之，存乎其人。』

〔四〕

『一陰一陽之謂道，繼之者善也，成之者性也』，不能斷句取義，捨去『善』、『性』

不言。

《大學》開篇：『大學之道，在明明德，在親民，在止於至善。』數語乃全書綱要，落實在一個『善』字。

《中庸》首句：『天命之謂性』，突出一個『性』字，『率性之謂道』，『道也者，不可須臾離也，可離非道也，是故君子戒慎乎其所不睹，恐懼乎其所不聞。』蓋不睹者『幽』，不聞者『夫子之言性與天道』也。

《大學》、《中庸》補充孔子翼易之未發。孔門一脉，寧有二義，故孔子曰：『吾道一以貫之』，而曾子曰：『夫子之道，忠恕而已矣。』

中心如一、道之所立，内蘊無二。

〔五〕

《大學》：『物有本末，事有終始，知所先後，則近道矣。』綜觀萬物之生成顛末、

群體、個體、萬紫千紅，千變萬化，始終處於一個大圜之中：『元中分元』、『返本還原』、『元元相繼』。以數論之，則始於一、極於九、合成十、還歸太極，如此往復，以至於無窮。

故萬物生息繁衍於天地之間，共天地之呼吸，共天地之炁運，分之則有，合之則無，『分元』則生，『還原』則化，究其始終，一炁迴旋之『分陰分陽，迭用柔剛』也。然而，總總不離這個。

〔六〕

『八卦定吉凶，吉凶生大業』。『吉凶』、『大業』何以言之？『吉凶』又何以生『大業』？

『吉凶者，失得之象也。』一失一得，此得彼失，此失彼得，故分吉凶。『變化者、進退之象也。』一陰一陽，一消一長，一盈一虛，故生變化。推而廣之，一闔一闢，一呼一吸，一往一來，一寒一暑，一圓一方，一生一化，生而爲有，化而爲無，有無相入，造化之機，是皆『一』之爲用，故謂『天下之動，貞夫一者也』，天地萬物莫能違焉。

人得一以成大，『可大則賢人之業』、『得一善則拳拳服膺』、『有功則可大』也。湯之盤銘曰『苟日新、日日新、又日新』，故謂『富有之謂大業，日新之謂盛德』者，積累使然也。故乾卦之大象曰：『天行健，君子以自强不息。』理斯同焉。

〔七〕

一大爲天，唯天爲大，唯一爲大。

《道德經》：『天得一以清，地得一以寧，神得一以靈，谷得一以盈，萬物得一以生，侯王得一以爲天下正』。又曰：『谷神不死，是謂玄牝，玄牝之門，是謂天地根。』天地之根，通理谷神，谷神不死，以盈以靈，是皆得『一』也。

人亦物也，得『一』以生而養其谷神。孟子曰『萬物皆備於我矣』，則谷神與物合成三個一，而明一得一以了其一之機，其寓於此乎？

『侯王得一以爲天下正』，『正』者，止於一定於一也。『三才通理正名王』，應是《本經》諸卦繫辭中擬『王』之本意。

〔八〕

屈一成圓，三圓成體，擬象一『太極球』，然後三分積八，弧面球錐，分理形炁以象徵八卦，太極動靜，虛實相乘，而周天六十四卦之數備矣，無窮極之數列、數變、固皆自『一』中來。

『太極理數』之始於『一』也，『數立則象生』，原其始，用數不拘，象亦無定，然『太極理數』不缺不亂，如此，則可以等同『自然數學』之定理，以成『一合全盤六位奇』之運用。

康節云：『自然而然不得而更者，内象内數也，他皆外象外數也』，其斯之謂歟？

〔九〕

同是運用一、二、三、四、五、六、七、八、九、十这十個數字演繹其理，而『太極理

數』與『自然數理』截然不同。

『自然之數』單獨一個或若干數之排列組合，數字本身并無意義，必須與事物結合，然後意顯言彰。

『太極之數』則不然，不僅每一個數之本身已分別寓有天地五行生成之『基因』，特定含義之自然現象（卦象：天、地、雷、風、水、火、山、澤也），而數數間之排列組合，又已備具天、地、圓、方、乾、坤、離、坎之『八序』之中，更有先天後天之說。其次，數數兩兩對應，其反、復、順、逆、炁、形、同、異命名『八義』之參伍錯綜，理應主客分明，是故因『卦象』之效法自然、類族五行以分方定位，立爲定則，可用以探索天地炁運、陰陽動變之機。

準天地之則而作八卦，所以成『化而裁之存乎變，推而行之存乎通』之能事也。

是故不知『太極理數』之妙，則無以知易卦動變之奇，至於『聖人立象以盡意，設卦以盡情僞，繫辭焉以盡其言，變而通之以盡利，鼓之舞之以盡神』，求其神用，難矣。

〔十〕

『闔户謂之坤，闢户謂之乾，一闔一闢謂之變，往來不窮謂之通』，而『變通莫大乎四時』，故用日月經天往來之數以紀炁運，是爲常經。

『乾坤，其易之緼邪。乾坤成列，而易立乎其中矣。乾坤毀，則無以見易，易不可見，則乾坤或幾乎息矣。』而『成象之謂乾』，又曰『見乃謂之象』，『法象莫大乎天地』，是故『聖人立象以盡意』，天地萬物，萬象包羅，無不在『乾坤之緼』中。『天地絪緼，萬物化醇』是也。

由此可見，萬物之生息，與『乾坤』之『毀』與『成列』相關。而『乾剛坤柔』固可以數示也，亦『八序』中之二序也。

闔闢乾坤，變通日月，時空之連續也。『大哉乾元，萬物資始，乃統天。』萬物（象）之生炁通於天，生息相關也。是皆可以稽之於『理數』，盡在『太極球』中，則還則歸於『一』也。天地造化終始一炁之理不可違也。

〔十一〕

『極天下之賾者存乎卦，鼓天下之動者存乎辭』，卦者『卦象』也，《太極圖》一以包羅萬象也。而『辭也者，各指其所之』，故能『鼓天下之動』。

大炁乃一自然信息庫，立象爲『信』，運數爲『使』，順理成章，天人合一爲『符』，而大易之體用備矣。

〔十二〕

《道德經》：『道生一，一生二，二生三，三生萬物。』可以『易有太極』之理釋之。

無極而太極，一元浩炁之流行，而『道歸一元』，『一元紀歲功』也，故謂『道生一』。

太極動静，分陰分陽，立爲對待，象天地循環之永不息，『一生二』亦『理由對待』之所出也。

『二生三』者，太極動静，分兩用中，然後『立人有位』，三才立極也。『太極圖』萬象包羅，物皆有象，而人爲萬物之靈，『大哉乾元，萬物資始』，主中以成位而物生，仍隨炁、氣之機之運轉而『乃統天』以還歸大炁。以生物言，故謂『三生萬物』，亦『生生之謂易』也。

〔十三〕

《黄庭經》：『出日入月是吾道、天七地三迴相守』，是爲《周易參同契》：『坎戊月精，離己日光、日月爲易，剛柔相當』立意之所本。戊己二土，合而成圭，因卜而演『卦』。『天七地三』數理通於日月而剛柔有别、虚實不同。『迴相守』者，動静相兼，『天地定位』而『水火不相射』也。

〔十四〕

《陰符經》：『觀天之道，執天之行，盡矣。』『觀天之道』，作『易圖』以效法自然

之『一闔一闢謂之變，往來不窮謂之通』，故謂先天。『執天之行』，述《本經》因順應自然而『化而裁之存乎變，推而行之存乎通』，故爲後天。

『易窮則變、變則通、通則久』，俱爲『變通』：先天純屬自然，自有周天準則，後天調和鼎鼐，必假人智安排。

『觀天之道，執天之行』，《翼》輔《圖》、《經》以通『幽明之故』，仍是『一』以貫之。

〔十五〕

『易』、『道』、『一』與『太極』，滙通其然，擬俚語以結之曰：

一炁數立基，　易明象意用；
道爲法自然，　太極理相應。
參兩叩地天，　陰陽論逆順；
方圓運大圜，　乾坤一以定。

三　數宗河洛——『以通神明之德』

（一）

《河圖》、《洛書》乃大易之根本，數理之源頭，而以《河圖》爲體，《洛書》爲用。

《河圖》爲體：闢鴻蒙，啟太極，而天地生成之十數全備；立五行，朝玄闕，用分方定位而一炁圓通。

《洛書》爲用：二八迴旋，金火易位，三三交織，變態萬千，而兩兩三三數數之組合，非炁即形，命曰『剛柔』，乃不易之則，故謂『剛柔者，立本者也。』

『剛柔相摩』、『剛柔相推』，若非是數，何以『推』、『摩』而生變化。

〔二〕

《十翼》之文，溝通易圖，《本經》之註解，每於緊要處，則反復詳明，類例甚多，尤以《繫辭傳》爲最，其前後重複處，正是后人悟解著眼處，《管窺上篇》曾舉出多例。例如『剛柔相摩』、『剛柔相推』與『剛柔相易』，其『剛柔』，而曰『摩』、曰『推』、曰『易』，一字之差，要知寓意有別，所以象徵形炁往來之三種動態也。

〔三〕

『立天之道，曰陰與陽；立地之道，曰柔與剛；立人之道，曰仁與義，兼三才而兩之，故易六畫而成卦。』『陰陽』、『剛柔』、『仁義』皆有數列以示，理應於『八序』中求之。三才兼兩，則『太極球』六爻、六位之動變周矣。

然而，觀於『八序』，祇是分剛分柔，三才兼兩，天人、天地、人地之交，然后『剛柔相濟』，而數數三三兩兩『推摩』之動態見。

故謂『順理成章』者，順天應人而『分陰分陽，迭用柔剛』也。曰『摩』，曰『推』，曰『易』，則是通理三才，成章定例之準則。

〔四〕

『仰以觀於天文，俯以察於地理，是故知幽明之故。』始於『仰觀俯察』而推理、明理，通章前後用十個『故』字，發揮『易與天地準』之内涵，全是從『是故知幽明之故』中之『幽明』兩字引伸。

『幽明』，對待之辭也，既爲對待，相輔相成，便有往來，《太極圖》中分黑白之雙曲綫反復交相紐結象之。

太極既動，迴旋顛倒，一反一復，變態萬千，故必因其『靜而正』，立坐標，準方位，然後能追踪其變，是以靜制動也。故世傳《太極圖》示其正面者以此。

太極動静，正反相成，幽明互理，始終契合之每一迴環，『幽』與『明』各占往來之半。『是故知幽明之故』然後能『大明終始六位時成，時乘六龍以御天』。《河圖》五行天地生成全數『五位相得，而各有合』，以見正反相成，奇偶分踪，二五推遷之妙，而『幽明之故』已寓於圖中。

康節云：『陽在陰中，陽逆行；陰在陽中，陰逆行；陽在陽中，陰在陰中，則皆順行；此真至之理，按圖可以見之矣。』讀此可以悟知天地圓方，太極反復，陰陽變化，順逆往來，而萬物生生化化、幽明互理之由歟？

〔五〕

『顯諸仁，藏諸用』，以『藏諸用』爲『幽』，則『顯諸仁』爲『明』。康節云：『木結實而種之，又成是木而結是實，木非舊木也，此木之神不二，此實生生之理也。』故『生生之謂易』之理通『幽明之故』。

『成象之謂乾』乃『元中分元』，是爲『乾知大始』，以乾紀一元也。匯觀天地炁運，萬物生化之全過程，共一炁之迴環，始終容納萬物之生息於一個大圜之中，故歸之於『一』也。

聖人知自然之道之不可違，因而制之，『興神物以前民用』，於是『幽贊於神，明而生蓍』，用『大衍之數五十』，揲蓍算數『以通神明之德』。

〔六〕

『大衍之數五十，其用四十有九』。『大』爲人之得一，『衍』乃水在行中。天一生水，是爲萬有之源，生命之本，立象之基，而水在行中，寓『天地設位，而易行乎其中矣』之意。

《河圖》爲體，天地數全。《洛書》爲用，立象分元。分元者，乾坤二用。天地全數，『五位相得，而各有合』，五、十屬土，正位中宮，而中爲樞機，主體分用。『觀變於陰陽而立卦』，本『卦炁』以爲體；『發揮於剛柔而生爻』，立『卦象』而行用，三五合一故全也。

《洛書》爲用，金火易位，數見八方，去十虛五而對待合十。去十者，以二五推遷象徵不用之用，虛五者，以入主中黄而待數立象生，虛實相乘，合而言之，仍是三個五。

『大衍之數五十』，去《河圖》天地全數中土之生數言。『五行生萬物』，故以土主中且調運於中以長養萬物。然而萬物之生，要在『元中分元』，『見乃謂之象』之後，故去五以當卜之用，虛受有位，後天也；而以『大衍之數五十』中不用之『一』以象太極而起一元，立爲先天，『掛一以象三』之『一』當象生居位之五，以用後天，立先天、用後天，分兩用中，體用相需，一即十也，仍然是用『五』與『十』。

是故『五』與『十』乃通理《河圖》之數、《洛書》之數以及『大衍之數』之關鍵。『五』與『十』幽明互理『以通神明之德』，寓『顯諸仁、藏諸用』之至意焉。

《周易參同契》：『土旺四季，羅絡始終，青赤白黑，各居一方，皆禀中宮，戊己之功』。戊己二土，『五』與『十』也，合而成圭，卜用決疑，三五合一而體用全，理通『幽明之故』。是故『五』與『十』之用，至精至神。子曰：『假我數年，五、十以學易，可以

無大過矣。』其斯之謂歟？

〔七〕

土數五、十，體用分明，合而言之，內蘊三個五，三五合一，然後能『成變化而行鬼神』，通理『幽明之故』。

三五合一、分兩用中，是爲執五用十。五主中黃以執中也，十分二五以『省方』也。五守中宮，以立本命。十分二五，相對迴旋。陽進陰退，五爲樞機，進爲六、七、八、九之數，退爲四、三、二、一之數，『變化者，進退之象也』，以數合象，變應無窮。

〔八〕

陰乘陽：一合九、二合八、三合七，四合六，皆爲十。陽乘陰：九合一、八合二，七合三、六合四，亦皆爲十。十即一也，還歸太極，終始一元，是爲二五推遷，乃十之妙用也。

八進九，二退一，一進一退，反之亦然，四、三、六、七亦如之，『變化者，進退之象也』，亦爲九七之往來也。

變化進退，吉凶失得，數理中求，『象』之理是亦『卦理』之内涵也。

〔九〕

三五合一，以中五象徵『支點』，十分二五，分别象徵『重點』與『力點』，當人在運動過程中，爲使軀體不致傾倒，必須不斷協調左、右手足之動態，而支、重、力三點亦隨人軀體之運動不斷交替變换，方能保持中樞之平衡。

是故『六爻之動，三極之道也』，可以自人本身之種種運動而體驗，『易簡』之理應如是也。

〔十〕

筮法五十以揲蓍之則，内蘊『成象之謂乾』而『道歸一元』之機，自『大衍之數五十』至『十有八變而成卦』，無不體現『河洛理數』效法自然之幽微。而三爻成象、六位成章、通理三才，則入於『象理』、『卦理』矣。『道理』、『數理』、『象理』、『卦理』皆爲大易之内涵，然而，分合之間，理宜有别。

〔十一〕

無窮極之數皆始於一，一即太極，而一、二、三、四、五、六、七、八、九、十，十個數之由來，即在於『易有太極』。

擬『太極』爲『圓球體』，通過球心三分積八，而爲相等之八個『球錐體』，正面一、二、三、四，反面九、八、七、六，通過球心相對合十，用五守中樞而十個數全備。

所以虛擬爲『圓球體』者，其中已包含三個圓，是即三個一。三圓成體，圓周綫相交于『球面』之六個點，六個點象徵『六位』。通過『球心』之三條直徑綫以爲六個半

徑與『球面』之六個交點相聯，象徵『六爻』。

設想『圓球體』之作橢圓形運動，左轉右旋，顛來倒去，而有三個中心，仍是六個交點。兩點對應，通過球心十字交叉而迴旋升降，三個中心象徵『三極』，六個半徑綫與球面六個點之間交替變換，象徵『六爻之動』，故謂『六爻之動，三極之道也』，可因之而形象化。

《道德經》：『三十輻共一轂，當其無，有車之用。』設想以三五主中，可以互證斯理。

〔十二〕

三圓成體，三個一即是三個五。三個一言其周，三個五明其極，『三才立極』而後有象。故以一爲先天之本，而以五爲後天之用。

建極隨方，妙用三五，用一個五立極以守中樞，分二個五推遷而生變化，立中五，分二五，一體一用，體用相需，總攬其然，三五合一以『通理三才』也。

〔十三〕

二五推遷，祇在一、二、三、四、六、七、八、九，八個數之間進行。十以二除『二一添作五』，一炁分而陰陽判。兩個五相對而一進一退，六、七、八、九依次遞增一數，而陽數極於九，四、三、二、一依次遞減一數，而陰數極於一，陰陽兩極之數以乾坤兩卦當之，而陰陽之盈虛消長，皆可以數理。

《周易參同契》：『乾坤者，易之門户，衆卦之父母，坎離匡廓，運轂正軸，牝牡四卦，以爲橐籥。』是故四正既立，陽統陰從，而陰陽奇偶數數之妙用見矣。

〔十四〕

天地炁運，以日月之往來紀其歷程，陽極於九，陰極於一，極者，數窮也，『易窮則變，變則通，通則久』，故『設位』以爲轉運之樞紐，當生化之本始。

《周易參同契》：『天地設位而易行乎其中矣，天地者，乾坤也；設位者，列陰陽

配合之位也；易謂坎離，坎離者，乾坤二用。』

由此可見，乾、坤、坎、離象徵天、地、日、月，時空之相續也。『天地定位』，父統三男，則震八、坎七、艮六皆爲陽卦；母統三女，則巽二、離三、兑四皆爲陰卦。《先天八卦合洛書圖》二八易位，則陰陽象數、對壘分明，以見其始之一炁分而陰陽判，因二八之迴旋，於是『鼓之以雷霆、潤之以風雨，日月運行，一寒一暑』，而易道通矣。

〔十五〕

『乾坤，其易之門邪，乾，陽物也；坤，陰物也；陰陽合德，而剛柔有體，以體天地之撰，以通神明之德。』『天地之撰』萬象包羅，所以『通神明之德』者，數也，即『卦炁』也，炁以數行，故能『通神明之德』。象由方立，故能『類萬物之情』。『在天成象』，『卦炁』也，在天地成形，『卦象』也。『卦炁』、『卦象』合爲『天地之撰』，而『神明之德』可以求通矣。

四　象隸五行——『以類萬物之情』

〔一〕

『易有太極，是生兩儀，兩儀生四象，四象生八卦。』如前章所述，擬『太極』爲『圓球體』，三分積八之每一『球錐』象徵一個卦，八瓣『球錐』之合，仍是渾然一個『太極球』。『太極球』之每一『球錐』、錐鋒三面，合則無見，以之象徵『内炁』；『錐面』主表，左右逢源，以之象徵『外形』。『内炁』、『外形』，分見八卦，合而爲一『太極球』。分合之間，八卦之内炁、外形、六爻、六位固可以想見之矣。

〔二〕

據『平面太極圖』理其變曲綫，雙曲綫之合，理應爲一圓周，長度當大圓周之半，兩小圓之直徑即是大圓之半徑。

太極反復以成全體，兩大圓錯位，所成兩小圓則爲大圓之内接圓，兩小圓周長之和即是大圓之周長。

設想太極『圓動因成體』，則八卦之『内炁』、『外形』，始終處於不斷交替變換之中，於是契合自然而『三圓三個一，卦理此中推』，理數據在，可以『極深而研幾』矣。

〔三〕

『太極全圖擬象雄，大圜交疊啟鴻蒙』，乾坤定天地之位，坎離列日月之間，大炁運行於天地之間，周天三百六十度，終始一元，還歸故處，是爲太極反復之一個大循

〔五〕

『觀變於陰陽而立卦』，是爲『卦炁』，奠定自然之符。『聖人設卦觀象』，是爲『卦象』，搜求生化之迹。前者若『自然數學』之定理，然有『一成不變』之規，後者因命題假設，責成『立象』求證，故謂『八卦以象告』。

『卦象』與『卦炁』，運數以求通，而數有先天、後天之別。『卦炁』承『參天兩地而倚數』即《河圖》五行天地生成之數運來，方位既立，五行有定，『卦炁』隨之。故『設卦觀象』契合自然，要能象其物宜，視其形體，察其性情，類其五行所屬，此『未濟』大象以『慎辨物居方』爲訓也。故『立象』要遵循一定之規，於是『卦炁』、『卦象』，體用相需；先天、後天，數迹互見，而『爻象動乎内，吉凶見乎外』，『天下之動，貞夫一者也』之理可得矣。

〔六〕

易統道、象、理、數，集中體現於『卦』，以大炁迴環乃自然之道，而『卦炁』之立來由於理數，『卦象』之用則爲求證於理數也。

『道歸一元，理由對待，數宗河洛，以紀炁運』，皆是自然而然，本一炁之迴環。唯『象狀事物』，則爲『成象之謂乾』，而『乾知大始，坤作成物』。因而『乾坤成列，而易立乎其中』，若『乾坤毁，則無以見易』。故『立象』乃後天之事物也。

故謂『將以順性命之理』而『六位成章』者，『立象以盡意，設卦以盡情僞』，因『卦象』而求證於『道歸一元』之『卦炁』也。

〔七〕

『易』道陰陽，『卦』卜合十，《本經》要義，兩字理明。

『日月爲易』，要知『日往則月來，月往則日來，日月相推而明生焉』。日月若無往來，何以成變化，建歲功，故謂『剛柔者，晝夜之象也』。『剛柔相推而生變化』，而『數紀炁運』，即是日月往來之歷程。

『卦』字之義，合十以卜。所卜事物，當『掛一以象三』之『掛一』，二土成圭，當『分而爲二以象兩』之未分，『掛一』、『分二』，三五合一，體用分明，故『設卦以盡情僞』，其要在通理三才。

是故『易之所指者數』，日紀炁運周天，『人之所貴者明』，三才變通卦理。

〔八〕

《說文》釋『爻』：『交也，象易六爻頭交也。』理偏是且未能發揮。

設想『爻』字之形如（爻形圖），炁行爲爻如『波』之行進。『陰陽相感逐波長』也。

『天地感而萬物化生』。感而無應，擬『以言乎遠則不禦』，是爲『天地無心』以生物。

『易之爲書也，不可遠，其爲道也屢遷』，『不可遠』於中或有『復其見天地之心乎』？而『一陽來復』，則是萬物生生之本始也。

〔九〕

『六爻之動，三極之道也。』其中，『有天道焉，有人道焉，有地道焉，兼三才而兩之，故六，六者非它也，三才之道也。』而『立人之道，曰仁與義』，只是『三極六爻』中之『一極二爻』。

『道有變動，故曰爻。』故此『二爻』亦在隨天地之炁運而動變，是乃萬物生生化化之因由也。

識此，然後可以解釋『何以守位曰仁』及孔門『居仁由義』之至理矣。

〔十〕

成文定象，内炁主之。内炁『變動不居，周流六虛，上下無常，剛柔相易，不可爲典要，唯變所適。』是故『建極隨方馭炁來』，『立象』以求證果，成文要能通變，象定而後卦成。

通理三才，『觀乎天文以察時變，觀乎人文以化成天下。』『化成天下』者，『變而通之以盡利』，是爲得地以安位也。

大炁無所在而無所不在，當其是炁，『陰陽不測』，故謂之『神』，或曰『卦炁』。及其見象，清濁已分，是謂『卦象』。本從炁來，及爲物主，故曰『神也者，妙萬物而爲言者也。』『卦炁』、『卦象』，同出一源，而先天、後天之義有別。故內炁動變『上下無常』，而『外內』必『使知懼』。蓋『爻象動乎內，吉凶見乎外』，外內固不可混淆也。

〔十一〕

『蓍之德圓而神』，通理於《先天六十四卦圓圖》之象天道運行。『大哉乾元，萬物資始，乃統天。』終始一元，皆已生之卦，周天卦炁之流行，『元元相繼』也。

「卦之德方以知」，求證於《先天六十四卦方圖》之象地道生物。「至哉坤元，萬物資生，乃順承天。」元中分元，皆未生之卦，康節云：「萬物之中各有始者，生之本也」之謂也。「六爻之義易以貢」，「順乎天而應乎人」，得地成位而三才立極。三才之道，人爲主體，「將以順性命之理」而「提挈天地、把握陰陽」，其要在通變以成文、極數而定象。於是「分陰分陽，迭用柔剛，故易六位而成章。」因順理而六位成章，故謂「六爻之義易以貢」。由此可見，方圓一統而大易之「卦理」全。「終始一元」、「元中分元」、「元元相繼」而天地萬物之情見。

〔十二〕

卦象三畫，理貫三才，數應三合。

仍擬「太極」爲「圓球體」，三分積八，「静正」以觀，而以《河圖》五行天地生成全觀其五行數之組合。『卦序』與『兩圖』五行數之匯通，即是『卦象』與『卦炁』之相合，所以追踪三易之變也。

據《管窺上篇》之『象數合序圓圖』，益之以《後天八卦合洛書圖》分方定位之卦屬五行數，成圖如次：

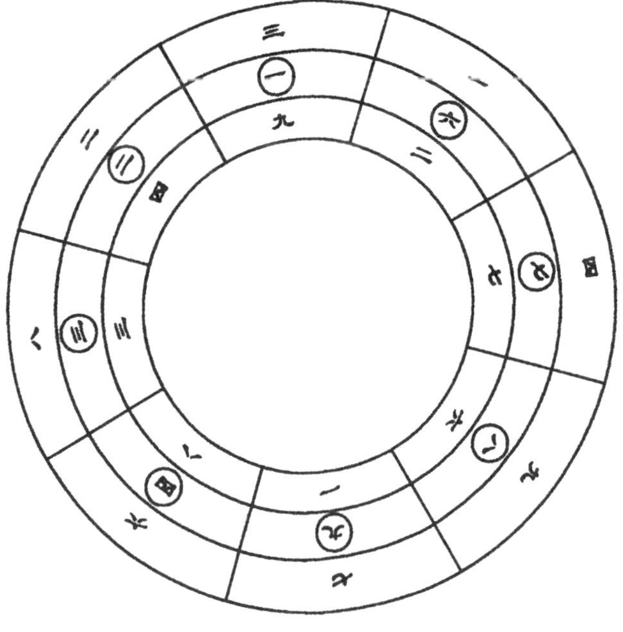

『乾坤成列，而易立乎其中矣。』

『卦序』居中，先後外内，三重數列，象定乾坤。『乾坤者，易之門户，衆卦之父母』，爻位動變，自此而始也。而三易之變即存在於『卦序』之『顛倒顛』動變之中。

『天地設位，而易行乎其中矣。』

『天尊地卑，乾坤定矣』，天地定位，是爲不易；『卑高以陳，貴賤位矣』，日月往來，是爲交易；陰陽錯位，陽統陰從，震巽艮兑，羅絡始終，故爲變易；此八卦之分三易也。而寓三易之理於一卦之三爻中，原是炁行形轉，卦理循環，終始一元，而三易則交替變换，然後卦成而象定也。

大炁運行，左轉右旋或入中，應是三個易動變之由。闔闢乾坤，入中有則，左迴右轉，順逆往來，而炁以數行，故數數在行進中之趨前錯後，或阻塞，或暢通，極爲重要，故謂『方以類聚，物以群分，吉凶生矣』。而一部《本經》，全由數理。『剛柔者，立本者也』是爲數數組合之要義。觀於此圖，共或有以悟知『動静有常，剛柔斷矣』以及『剛柔』之『相摩』、『相推』與『相易』，所以取義於數數往來動變之理歟？

〔十四〕

夏、商、周三代爲有文字之易之發展時期。夏易曰《連山》，首艮卦；商易曰《歸藏》，首坤卦；周易即世傳《本經》，卦首乾坤；或以此爲『三易』據三代而分也。然非易之真諦。仍應以艮、坤及乾坤『卦理』之動變相關爲是。

已知《先天八卦合洛書圖》、『卦象』與『卦炁』五行合符，象數滙通。《河圖》、《洛書》之數，以何爲首？以一爲首。首重何方？首重北方。《論語》：『爲政以德，譬如北辰，居其所而衆星拱之。』故以『一』數居北。『一』爲水之生數，『一陽來復』是爲生命之源。立先天，一炁分而陰陽判；用後天，運五行而萬物生。故乾坤定天地之位，坤卦居北，炁本先天，象隸五行而屬土。『卦象』乃後天之用也。艮坤錯位，可謂迴旋。地天交泰，乃是顛倒。顛倒迴旋，太極反復。而三易之變已寓於其中。

『艮東北之卦也，萬物之所成終而所成始也。』而『乾知大始，坤作成物。』卦理

循環，『連山』、『歸藏』、『闔坤闢乾』，一以貫之，而三易之理可得矣。

〔十五〕

『八卦成列，象在其中矣。』先天八卦序列乾坤，故此亦即『乾坤成列』，而易立乎其中矣』之意。『立』者，立『卦象』也。象因卦立，擬物爲言，而有天、地、雷、風、水、火、山、澤八大象以應乾、坤、震、巽、坎、離、艮、兑八卦，擬自然界中物象之大者，而小者從屬，萬象包羅，盡在圜中矣。

『天地定位，山澤通氣，雷風相薄，水火不相射。』先天八卦卦屬五行契合自然而然之『河洛理數』。而卦由數聚，數馭炁行，其爲炁也，在卦曰『卦炁』，在數曰『五行真炁』，當萬物未生之前，則謂之『混元一炁』。

『因而重之，爻在其中矣。』蓋由於『八卦相錯』而『形炁往來』，『八卦相錯，數往者順，知來者逆』，順往逆來，太極反復，所以爲『終始一元』，『元元相繼』也。

『極數知來之謂占』相應『神以知來』，而神主炁，炁以數行，則理應與『蓍之德圓而神』相通。

擬『卦之德方以知』爲『數往者順』，則『蓍之德圓而神』爲『知來者逆』，康節云：『理以逆推，物必順成』是也，而一統方圓，求因證果，『是故易逆數也。』

是故『制而用之謂之法』者：象其物宜，『設卦觀象』，其用後天；『原始要終』，以合『卦炁』，復還先天；先天後天因卦屬五行之不變，故可運數以追踪，求證于自然而然之『理炁』，終始於周天『道歸一元』之大運。而卦理循環，其圓規方矩，可以因物而小大由之。《陰符經》云：『日月有數，大小有定，聖功生焉，神明出焉。』故謂易統道、象、理、數備具於『卦理』之中，其機固可以概見之矣。

乾宫

乾爲天 九九
天風姤 九二
天山遯 九六
天地否 九一
風地觀 二一
山地剥 六一
火地晉 三一
火天大有 三九

坤宫

坤爲地 一一
地雷復 一八
地澤臨 一四
地天泰 一九
雷天大壯 八九
澤天夬 四九
水天需 七九
水地比 七一

兌宮

兌爲澤 四四
澤水困 四七
澤地萃 四一
澤山咸 四六
水山蹇 七六
地山謙 一六
雷山小過 八六
雷澤歸妹 八四

艮宮

艮爲山 六六
山火賁 六三
山天大畜 六九
山澤損 六四
火澤睽 三四
天澤履 九四
風澤中孚 二四
風山漸 二六

離宮

卦	數
離爲火	三三
火山旅	三六
火風鼎	三二
火水未濟	三七
山水蒙	六七
風水渙	二七
天水訟	九七
天火同人	九三

坎宮

卦	數
坎爲水	七七
水澤節	七四
水雷屯	七八
水火既濟	七三
澤火革	四三
雷火豐	八三
地火明夷	一三
地水師	一七

震宮

震爲雷 八八
雷地豫 八一
雷水解 八七
雷風恒 八二
地風升 一二
水風井 七二
澤風大過 四二
澤雷隨 四八

巽宮

巽爲風 二三
風天小畜 二九
風火家人 二三
風雷益 二八
天雷无妄 九八
火雷噬嗑 三八
山雷頤 六八
山風蠱 六二

〔三〕

『分宫卦象次序』以乾、兑、離、震、巽、坎、艮、坤八個主卦分領八宫，每宫八卦，卦各六爻，六爻循一定之則而動變。

各宫皆從主卦起首，循位遞變。主卦『立不易方』，爻易陰陽，自初至五，『游魂爲變』，『歸』證炁源。而上卦、下卦數數之合，據『八義』而以同、復、順、巽、反、逆、炁、形爲序，考校八宫數數組合形式皆然，故推究一宫之理可例餘宫。

再現『乾宫』八卦之象數序列爲例：

乾爲天　　九九同

天風姤　　九二復

天山遯　　九六順

天地否　　九一巽

風地觀　二一反

山地剥　六一逆

火地晉　三一炁

火天大有　三九形

大炁運行，縱横逆順。乾坤闔闢，往來不窮。二九六三，方圓有序。各宫首尾相聯，自成一小循環體系。

上下計一十六個數，其中四個九，四個一，『九一合十』；更有兩個九存在於『二九六三』之方圓數序中，象徵大炁之行，故上下共得六個九，其爲乾卦『六爻擬六龍』立義之由歟？而觀於奇偶數數之兩兩組合。爻位之義，亦可得矣。至於『游魂』、『歸魂』之説，尤宜據理深思。

〔四〕

反、復、順、逆、炁、形、同、異『八義』之命名，用以表示『河洛之數』一、二、三、四、六、七、八、九，八個數中，任取一數與包括其數在内八個數之間之不同兩兩組合關系。

試以『分宮卦象』之各宮，祇取代表主卦之一個數，仍按『八義』命名原則，而以兩宮同『義』之卦、數理對應組合而觀其動變之序，或可以探索『太極理數』運動變化之規律歟？

爲便於『觀玩』，各宮省略卦名，但以數敘。

仍以『乾宮』爲主，其兩宮對應關係列示如次：

㊣反

乾九　九九　九二　九·六·　九一　二二　六·一·　三·一·　三·九·

震八　八八　八一　八·七·　八二　一三　七·三·　四·三·　四·八·

㊣復

乾九　九九　九二　九·六·　九一　二二　六·一·　三·一·　三·九·

巽二　二三　二九　二·三·　二八　九八　三·八·　六·八·　六·二·

順

乾九	九九	九·二·	九六	九一	二·一·	六一	三·一·	三·九·
艮六	六六	六·三·	六九	六四	三·四·	九四	二·四·	二·六·

逆

乾九	九九	九·二·	九六	九一	二·一·	六一	三·一·	三·九·
兑四	四四	四·七·	四一	四六	七·六·	一六	八·六·	八·四·

㊀炁

乾九　坎七
九九　七七
九·二·　七·四·
九·六·　七·八·
九一　七三

二·一·　四·三·
六·一·　八·三·
三一　一三
三九　一七

㊀形

乾九　離三
九九　三三
九·二·　三·六·
九·六·　三·二·
九一　三七

二·一·　六·七·
六·一·　二·七·
三一　九七
三九　九三

(異)

乾九　九九　九二　九六　九一　二一　六一　三一　三九

坤一　二一　一八　一四　一九　八九　四九　七九　七一

(同)

乾九　九九　九二　九六　九一　二一　六一　三一　三九

乾九　九九　九二　九六　九一　二一　六一　三一　三九

八個主卦，本宮之變，首尾相聯，自成一小循環。而『八陣圖』之大循環，其兩兩之合，如前所示，已見『太極理數』之内蕴『八序』。然此僅以兩宮同義相應連綴成文者，至若太極動静、顛倒反復、外聯内引、八陣循環、圓而方、方而圓、隨方就圓、因而圖之，則其變萬千矣。

〔五〕

兩宮以『同義』而對應，其往來四個數（亦即四個三爻卦）之組合，『成序』四組，『類聚』四組。

『成序』者，於以見天、地、圓、方、乾、坤、離、坎之『八序』也。『類聚』者，九、七、前、後奇偶數間之『參同察異』也。

『成序』或『類聚』，其數數組合之間，更有一定之内在聯繫，因『八義』之不同，分爲三種類型。以下仍以乾宮爲例：

（一）『八義』之中，炁、形最要（於『分宮卦象次序』中相應於『游魂』與『歸魂』，兩者之合乃『立卦』之由），命曰「剛柔」，故首觀之：

㊋ 乾九·離三

㊀ 九九三三 同

㊁ 九一三七 異

㊂ 九·六·三·二· 順

㊃ 六·一·二·七· 逆

㊄ 三九九三 形

㊅ 三一九七 炁

㊆ 九·二·三·六· 復

㊇ 二·一·六·七· 反

㊋ 乾九·坎七

㊀ 九九七七 同

㊁ 九一七三 異

㊂ 九·六·七·八· 順

㊃ 六·一·八·三· 逆

㊄ 三一一三 炁

㊅ 三九一七 形

㊆ 二·一·四·三· 反

㊇ 九·二·七·四· 復

（二） 次觀反、復、順、逆之數數組合：

㊀反 乾九．震八

㊀ 九九八八 同

㊁ 九一八二 異

㊂ 九·六·八·七· 順

㊃ 六·一·七·二· 逆

㊄ 二一一二 反

㊅ 九二八一 復

㊆ 三·一·四·二· 炁

㊇ 三·九·四·八· 形

㊀復 乾九．巽二

㊀ 九九二二 同

㊁ 九一二八 異

㊂ 九·六·二·三· 順

㊃ 六·一·三·八· 逆

㊄ 九二二九 復

㊅ 二一九八 反

㊆ 三·九·六·二· 形

㊇ 三·一·六·八· 炁

㊀顺乾九·艮六

㊀九九六六　同
㊁九一六四　異
㊂九·二·六·三·　復
㊃二·一·三·四·　反
㊄九六六九　順
㊅六一九四　逆
㊆三·九·二·六·　形
㊇三·一·二·四·　炁

逆乾九·兑四

㊀九九四四　同
㊁九一四六　異
㊂九·二·四·七·　復
㊃二·一·七·六·　反
㊄六一一六　逆
㊅九六四一　順
㊆三·二·八·六·　炁
㊇三·九·八·四·　形

（三）終觀異、同之數數組合：

㊮ 乾九・坤一

㈠ 九九一一 同

㈡ 三九七一 形

㈢ 九六一四 順

㈣ 九二一八 復

㈤ 九一一九 異

㈥ 三一七九 炁

㈦ 六一四九 逆

㈧ 二一八九 反

(同) 乾九・乾九

㈠ 九九九九 同

㈡ 三九三九 形

㈢ 九六九六 順

㈣ 九二九二 復

㈤ 三一三一 炁

㈥ 九一九一 異

㈦ 二一二一 反

㈧ 六一六一 逆

綜上以觀：故知所謂『八義』者，『八卦相錯』也。『八卦相錯，數往者順，知來者逆』相應於『日往則月來，月往則日來，日月相推而明生焉；寒往則暑來，暑往則寒來，寒暑相推而歲成焉。』《文言》：『利者，義之和也。』故《説卦傳》云，『和順於道德而理於義』，則入於易理之幽微矣。

兩宮相錯，理其『八義』，應分三類之由自見。而上下互理，對照以觀，求其動靜之機於炁、形、反、復、順、逆之往來間，得其機變之巧者，在人之『自昭明德。』

〔六〕

『卦理』由來本乎數，反、復、順、逆、炁、形、同、異，兩兩合數之『義』，理也。

『太極理數』效法自然，旋迴顛倒，默契天地炁運。人物則處於兩間之中，得『一』以生，所以生之者，『天地絪緼』之炁也。

本一炁也，以言其理，『生則爲陽，消則爲陰』，而『乾道成男，坤道成女』。以言

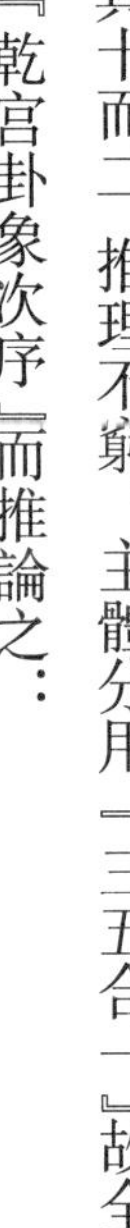
其數，則具十而二，推理不窮。主體分用，『三五合一』故全也。

再現『乾宮卦象次序』而推論之：

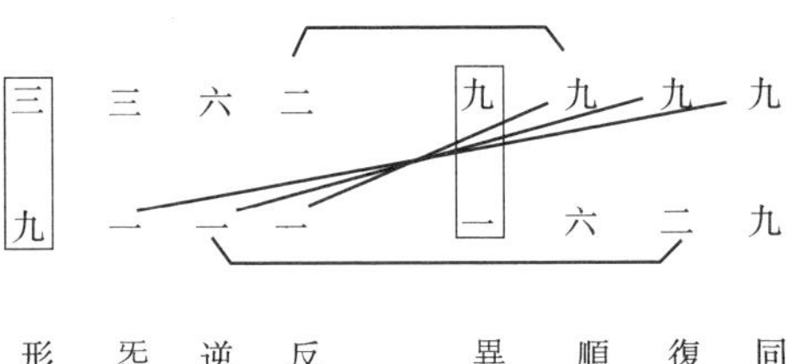

綜觀其數：二六、九三錯位，九一合十，本宮小循環之理見矣。推之餘宮皆然，衹是二九六三與四七八一『方圓數序』之不同。

『九九一三』之數，可訂爲《乾》卦之『卦數』。去『入首』之九，則『九一三』與前章所述『天地定位』之理數合矣。餘卦『卦數』依此例推。

是故易卦皆可以數理。

〔七〕

已知始初『立卦』，原由數字組成，而卦成三爻，爻分三易，分隸三元，故如『九一三』命曰《乾》卦者，《乾》衹占其中一個『九』字，三元之一而已，謂之『地畫八卦』，擬爲數字卦之定例。

天道周星，人事未卜，有待隨炁建極。建極者，『得地以成位』也。故三爻成卦，聚會天時、地利與人和，主卦既立，因而重之，以證相應之爻位動變，『六爻發揮，旁通情也』然後可以求通『卦理』。

中，另成『分宮序卦』三圖或可窺見『太極數』動變之機理歟？

故以『分宮卦象次序』爻位相推之數變，代入《先天六十四卦方圖、圓圖及方圓合圖》系中，『八陣循環傳不息，三元貫串理非空』也。

聯，自成一小循環體系，然其三三兩兩數動變，始終處於整個『太極理數』之大循環體

序列方圓，其要在往來合十。而『八義』之動變，已寓於陰陽爻位之相推中，各宮首尾相

『八宮卦象次序』之各宮，六爻之卦，外內有形无之分，寓先天後天之旨，聯通外內，

〔八〕

《坤》兩卦，尤重《乾》卦，一再申重其義理也。

『大明終始六位時成，時乘六龍以御天』，故《乾》卦總攬全盤，而《文言》之于《乾》、

一、分宮卦象數序圓圖

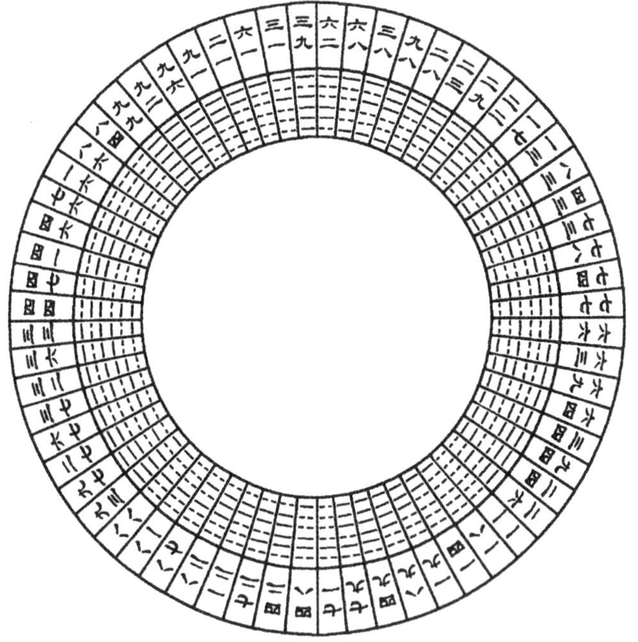

二、分宫卦象數序方圖

七一	七九	四九	八九	一九	一四	一八	一一
二四	二六	三四	九四	六九	六四	六六	六三
八三	四三	一七	一三	七四	七七	七三	七八
九八	三八	六八	六二	二二	二九	二三	二八
八二	八七	八一	八八	四八	四二	七二	一二
三二	三七	三三	三六	九七	九三	六七	二七
四七	四四	四六	四一	一六	七六	八四	八六
九九	九二	九六	九一	二一	六一	三一	三九

三、分宮卦象數序方圓合圖

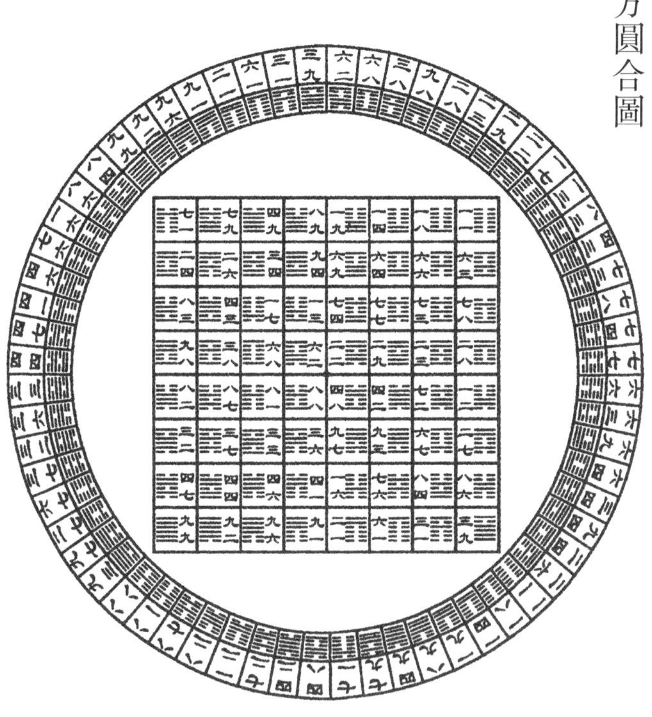

以上三圖，有詩爲證：

源本先天炁一星，絪緼鼓盪以成形；
幽明互理因由數，生息相關象着名。
兩兩錯開探易奧，三三綜合察爻情；
分宮序卦添圖例，觀變何妨細品評。

《先天六十四卦圓、方及方圓合圖》謂之『交生圖』。三圖各有其義，各有其用，象征『天地絪緼，萬物化醇』，稽之象數而處於炁息萌動前之静態。而『圓動因成體』，『八卦相錯，數往者順，知來者逆』實爲形炁之往來，是其運用之理也。

周天變化無窮趣，祇在方圓動静中。

『分宮卦象數序』三圖承『交生圖』來，可資參證『太極理數』動變之奇。而『數

立則象生』爲便於觀摩，三圖皆略卦象而以數示。

『順理入中』，『參同察異』（參酌《先天六十四卦方圖》《乾》、《坤》、《否》、《泰》四卦之對角交叉綫『連綴』之卦）是爲探索『太極理數』之要着，五與十之運用也，『三五合一』之功德也。

然而，演繹『太極』理數，《圖》、《書》根本，不棄不離，故此三圖，祇供參證，而本章名曰《分宮卦象次序之啟示》。

讀者幸留意焉。

下篇

一 《序卦傳》理數之探索

（一）

孔子『序卦』以傳，歷叙《本經》六十四卦之卦名，提一『物』字總攬全文，貫串終始，既以説明《本經》諸卦之『貞夫一者也』，更寓卦與卦間之相互關係於『數理』之中，且以防后世『竹簡韋編』編次之錯亂，故孔子『序卦』一舉而有數得焉。

〔二〕

『有天地然后萬物生焉。盈天地之間者唯萬物，故受之以屯。』萬物生息繁衍於天地之間，天施而地生，立人得地以成位，而人爲萬物之靈代表萬物。天地炁運循環無端，立則成形，静則炁往，虚虚實實，與萬物之生息相關。而『屯』有囤積、滯留之意，『物』之胚孕，自此始萌，故曰：『屯者，盈也；屯者，物之始生也。』而《屯彖》曰：『屯，剛柔始交而難生』，乾剛坤柔，乾坤兩卦之后，『受之以屯』，不失剛柔立本之義。《屯》卦之后，諸卦無不以『物』爲言。『物』者何，有『天地萬物』之『物』，有『爻有等，故曰物』之『物』，兩者名同而實異，前者『開物成務』，后者理應『有等』者，『貴賤之等也』。《繫辭傳》云：『乾，陽物也；坤，陰物也。陰陽合德，而剛柔有體，以體天地之撰，以通神明之德。』陰陽二物，相應爲乾坤二元，故易用九六，所以成易道之變化也。

《序卦傳》全文，《上經》三十卦，首乾坤，天覆地載，象征空間；終坎離，日月繼明，象征時間；天、地、日、月，時空義立，四象備矣。而天地生物，有感則應，故《下

經》三十四卦，咸恒居首，終於既未，叙人倫也。《咸彖》曰：『天地感而萬物化生，聖人感人心而天下和平』，又曰：『二炁感應以相與』，天地之炁，絪緼鼓盪以生萬物，康節云：『陽來則生，陽去則死，天地萬物之生死主於陽，則歸之於一也』。《道德經》：『天得一以清、地得一以寧，……萬物得一以生。』是天地萬物各得其一，三位而成一體，故曰：『六爻之動，三極之道也。』而卦成三爻，義亦由此。

『天地炁運不息，則物不可窮』。自『有天地然后萬物生焉』至『物不可窮』，『以未濟終，而『序卦』終始於『物』之義見。

〔三〕

八卦數序乾九、震八、坎七、艮六，謂之父統三男；坤一、巽二、離三、兑四，謂之母統三女。父母六子本《説卦傳》第十章之文，以其數相應代入《序卦傳》諸卦之上、下卦，同時循序而『兩兩組合』爲一對卦，以成『序卦數列』。如后所示：

噬嗑	賁	剝	復	无妄	大畜	頤	大過	坎	離
三八	六三	六一	一八	九八	六九	六八	四二	七七	三三
⚊	⚊	⚊	⚋	⚊	⚊	⚊	⚋	⚋	⚊
⚋	⚋	⚋	⚋	⚊	⚋	⚋	⚊	⚊	⚋
⚊	⚋	⚋	⚋	⚊	⚋	⚋	⚊	⚋	⚊
⚋	⚊	⚋	⚋	⚋	⚊	⚋	⚊	⚋	⚊
⚋	⚋	⚋	⚋	⚋	⚊	⚋	⚊	⚊	⚋
⚊	⚊	⚋	⚊	⚊	⚊	⚊	⚋	⚋	⚊

咸	恒	遯	大壮	晋	明夷	家人	睽	蹇	解
四	八	九	八	三	一	二	三	七	八
六	二	六	九	一	三	三	四	六	七
⚋	⚋	⚊	⚋	⚊	⚋	⚊	⚊	⚋	⚋
⚊	⚋	⚊	⚋	⚋	⚋	⚊	⚋	⚊	⚋
⚊	⚊	⚊	⚊	⚊	⚋	⚋	⚊	⚋	⚊
⚊	⚊	⚊	⚊	⚋	⚊	⚊	⚋	⚊	⚋
⚋	⚊	⚋	⚊	⚋	⚋	⚋	⚊	⚋	⚊
⚋	⚋	⚋	⚊	⚋	⚊	⚊	⚊	⚋	⚋

鼎	革	井	困	升	萃	姤	夬	益	損
三	四	七	四	一	四	九	四	二	六
二	三	二	七	二	一	二	九	八	四
⚊	⚋	⚋	⚋	⚋	⚋	⚊	⚋	⚋	⚋
⚋	⚊	⚊	⚊	⚋	⚊	⚊	⚊	⚊	⚋
⚊	⚊	⚋	⚊	⚋	⚊	⚊	⚊	⚋	⚋
⚊	⚊	⚊	⚋	⚊	⚋	⚊	⚊	⚋	⚋
⚊	⚋	⚊	⚊	⚊	⚋	⚊	⚊	⚋	⚊
⚋	⚊	⚋	⚋	⚋	⚋	⚋	⚊	⚊	⚊

震	艮	漸	歸妹	豐	旅	巽	兌	渙	節
八	六	一	八	八	三	一	四	一	七
八	六	六	四	三	六	二	四	七	四
- -	——	——	- -	- -	——	——	- -	——	- -
- -	- -	——	- -	- -	- -	——	——	——	——
——	- -	- -	——	——	——	- -	——	- -	- -
- -	——	——	- -	——	——	——	- -	- -	- -
- -	- -	- -	——	- -	- -	——	——	——	——
——	- -	- -	——	——	- -	- -	——	- -	——

中孚　二四　䷼

小過　八六　䷽

既濟　七三　䷾

未濟　三七　䷿

以上『序卦數列』所示，《本經》六十四卦循序『兩兩組合』，共得三十二對卦。任取其中一對卦，上、下、左、右四個數，觀其縱、橫、斜貫兩兩數之『數理』組合關係，舉例如次：

例一：

乾　九　九

坤　一　一

縱理全『同』，橫、斜之理皆『異』。

例二：

屯　七　八

蒙　六　七

縱、橫之理爲『順』、『反』，斜貫之理爲『同』、『炁』。

兩兩之卦，上、下、左、右四個數，縱、橫、斜貫之間，共得六個『數理』組合。以上兩例，應注意其『數理』組合關係之不同，其餘三十對卦，依此例推。

〔四〕

三十二對卦之『數理』組合關係排出後，總攬全盤，可以根據奇偶數之不同組合劃分爲奇奇、偶偶與奇偶各半三類。而此三類，奇奇八對，偶偶八對，奇偶各半十六對。因此，可進而劃分爲兩大類型，即奇奇與偶偶爲一大類型，奇偶各半爲一大類型。爲便於區別觀摩，因取『奇偶分踪』與『奇偶合序』之義，四四偶卦，據理編排以成兩表，兩表每四卦列爲一組，其前后之兩對卦遵循《序卦傳》編次，不可錯亂，以存『序卦數列』之真義。

兩表分別列示於後，理應左右並列。

表一　奇偶分踪

三重卦理			河洛數序				卦象立名			
縱	斜	橫								
同同	異異	異異	九九	一一	七七	三三	乾	坤	坎	離
異異	同同	異異	一九	九一	七三	三七	泰	否	既濟	未濟
形形	同同	形形	一七	七一	九三	三九	師	比	同人	大有
炁炁	同同	炁炁	七九	九七	三一	一三	需	訟	晉	明夷
同同	炁炁	炁炁	八八	六六	二二	四四	震	艮	巽	兑
異異	炁炁	形形	四六	八二	六四	二八	咸	恒	損	益
形形	炁炁	異異	四八	六二	二六	八四	隨	蠱	漸	歸妹
炁炁	形形	異異	六八	四二	二四	八六	頤	大過	中孚	小過

表二　奇偶合序

三重卦理			河洛數序				卦象立名			
縱	斜	横								
顺反	同炁	反顺	七八	六七	一四	二一	屯	蒙	臨	觀
反顺	同炁	顺反	九八	六九	二三	三四	无妄	大畜	家人	睽
顺反	同炁	反顺	九六	八九	四三	三二	遯	大壯	革	鼎
反顺	同炁	顺反	七六	八七	四一	一二	蹇	解	萃	升
復逆	炁同	復逆	二九	九四	三八	六三	小畜	履	噬嗑	賁
逆復	同炁	復逆	一六	八一	四七	七二	謙	豫	困	井
逆復	炁同	逆復	六一	一八	二七	七四	剝	復	渙	節
逆復	炁同	逆復	四九	九二	八三	三六	夬	姤	豐	旅

重陰必陽』；陰陽法則寓意於奇偶之數之相互滲透，存對待兼往來之義，此理法之所必然，而『參伍以變，錯綜其數』乃變通『易序』之要義也。否則八卦實用祇是八數，不經數數之『參伍』、『錯綜』，又如何能盡天下萬事萬物動變之能事，故謂『極天下之賾者存乎卦』，『剛柔相推而生變化』也。

周天六十四卦，盡在一個大圜之中。每一個卦相應處於周天之不同方位與角度。而『卦炁』之運行如行雲流水，虛此以實彼，故爲『變動不居，周流六虛，上下無常，剛柔相易，不可爲典要』而『唯變所適』也。故縱、横、斜之『數理』動向各有順逆兩途，此康節所云『炁以六變』之一義也。

六十四卦之每一個卦，其動變自成格局，如棋局然。『卦炁』周天，卦即是爻，爻亦是卦，此理必經演繹『數理』方能知曉，絶非文字或語言所能説明。因六爻之每一爻各有陰、陽、太、少之變，一卦可通六十四卦，而乾、坤、坎、離法象天、地、日、月，各有其『生因』，本於『卦炁』之交會也。剖析兩表，寓此機宜。

〔七〕

太極『數理之變通，三三盡法則，七九溯源頭』。太極本『一』，《河圖》、《洛書》，一體一用，而西南金火易位，存七九往來之真義。

《列子·天瑞篇》：『易變而爲一，一變而爲七，七變而爲九，九變者，究也，仍復變而爲一。而一者，形變之始也。』其言『易』、『一』、『七』、『九』之變通，大可參證（此説并見《易緯乾鑿度》）。

然後，可將兩表之『河洛數序』（實即以數代象之重卦）列入《先天六十四卦方圖》之相應『卦位』，另成兩圖，兩圖理應并列觀玩，互見『三三之則』。

圖示如次：（兩圖重叠，即是《先天六十四卦方圖》。）

圖一　奇偶分踪

二 坤		比 七一			三一 晉		否 九一
	六六 艮		漸 二六	八六 小過		咸 四六	
師 一七		七七 坎			未濟 三七		九七 訟
	蠱 六二		二二 巽	恒 八二		四二 大過	
	頤 六八		二八 益	震 八八		四八 隨	
明夷 一三		七三 既濟			離 三三		九三 同人
	六四 損		中孚 二四	八四 歸妹		兌 四四	
一九 泰		需 七九			三九 大有		乾 九九

圖二　奇偶合序

	六一 剝		觀 二一	八一 豫		萃 四一	
一六 謙		蹇 七六			三六 旅		遯 九六
	蒙 六七		二七 渙	解 八七		四七 困	
升 一二		七二 井			鼎 三二		九二 姤
復 一八		七八 屯			噬嗑 三八		九八 无妄
	賁 六三		二三 家人	豐 八三		四三 革	
一四 臨		節 七四			三四 睽		履 九四
	六九 大畜		小畜 二九	八九 大壯		夬 四九	

以上八八見方之兩圖更剖析之，各以十字中分而爲四四見方之四個小圖。四小圖各爲大圖之『一角』，變通四角，則『三三往來』、『虛實相乘』之義，於此可見其端倪，細玩自能達理。

全圖區分爲四角後，其縱、橫、斜之間，亦如四個數排列成方之有上下、左右、前後（斜貫）之別，參詳其間之數數聯通，對照『序卦數列』之兩表，可知《本經》循序『兩兩組合』之三十二對卦，其中表一『奇偶分踪』之十六對卦，除師與比、同人與大有、咸與恒、損與益四對卦各在『二角』之內，其餘十二對卦，則分別處於斜貫之『兩角』；而表二『奇偶合序』之十六對卦，則分別處於上下或左右相對之『兩角』。

是故《先天六十四卦方圖》之『卦位』排列，可作爲『定則』相應處於靜態；及其動也，三三交織，七九往來，陰陽逆順，變化進退之機，因《方圖》之法象地道生物以相應『未生卦』。

兩圖仍『復合成全』爲『《先天六十四卦方圖》』，而陰陽互根、互藏之義見矣。蓋陰陽法則即是運用奇偶之數。『自然數序』自一而盈千累萬，兩奇之間必爲偶，兩偶之間必爲奇，至理也。

附《先天六十四卦方圖》於次，以便參考。圖以數示，注意其『斜綫』之間『數數』之聯通關係。

先天六十四卦方圖（數圖）

坤 一一	剥 六一	比 七一	觀 二一	豫 八一	晉 三一	萃 四一	否 九一
謙 一六	艮 六六	蹇 七六	漸 二六	小過 八六	旅 三六	咸 四六	遯 九六
師 一七	蒙 六七	坎 七七	渙 二七	解 八七	未濟 三七	困 四七	訟 九七
升 一二	蠱 六二	井 七二	巽 二二	恒 八二	鼎 三二	大過 四二	姤 九二
復 一八	頤 六八	屯 七八	益 二八	震 八八	噬嗑 三八	隨 四八	无妄 九八
明夷 一三	賁 六三	既濟 七三	家人 二三	豐 八三	離 三三	革 四三	同人 九三
臨 一四	損 六四	節 七四	中孚 二四	歸妹 八四	睽 三四	兌 四四	履 九四
泰 一九	大畜 六九	需 七九	小畜 二九	大壯 八九	大有 三九	夬 四九	乾 九九

『分宮卦象次序』卦、爻動變之機，藴藏於《先天六十四卦方圖》中，試取各宮主卦，按『八序』中方、圓、乾、坤『數序』組合，另成四圖，四圖排列如後所示。《繫辭上傳》首章：『在天成象，在地成形，變化見矣。』天、地、日、月，先天四象也，是爲『在天成象』之所本；天地圓方，萬物寓形於其中，因『方圓交錯』而『闔闢乾坤』，是爲『在地成形』之所由；『天地感而萬物化生』則『變化見矣』，故謂『見乃謂之象』而『成象之謂乾』也。

考究四圖，七九合成，三三交織，爻、位、炁行，相互參證，可見『一』、『五』與『十』之『數據』、『進退』、『失得』，盡在圖中，此孔子『五、十以學易，可以無大過矣』感慨之所自出也。學者可據圖識『數』，潛心玩味，自得因『數』見『象』之本意矣。

“方”序：七四一八

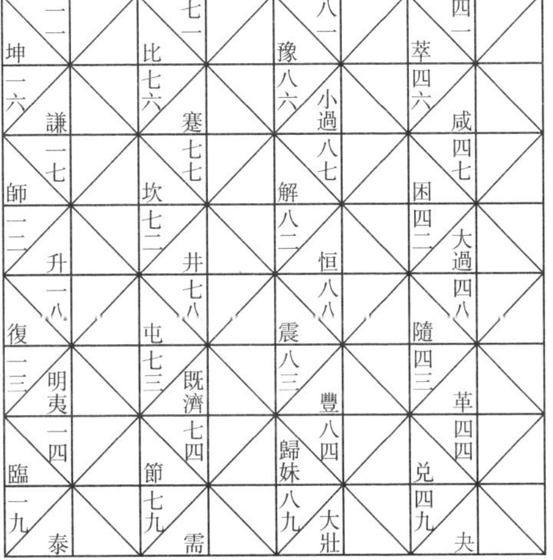

“圓”序：二九六三

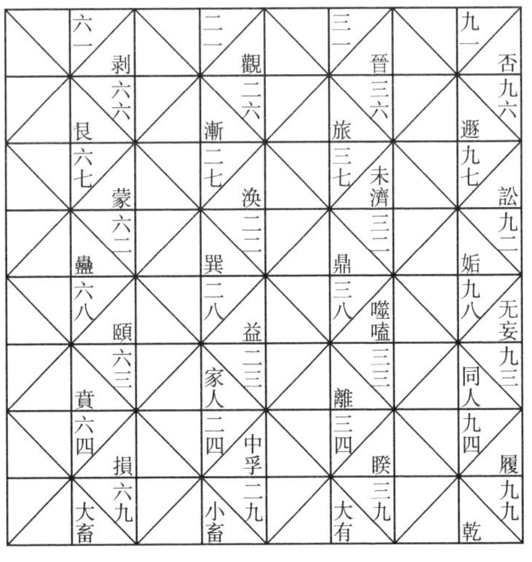

“坤”序：二七六一

二一 坤		七一 比					
	六六 艮		二六 漸				
一七 師		七七 坎					
	六二 蠱		二二 巽				
一八 復	六八 頤	八七 屯	二八 益		三八 噬嗑		九八 无妄
一三 明夷	六三 賁	七三 既濟	二三 家人	八三 豐		四三 革	
一四 臨	六四 損	七四 節	二四 中孚		三四 睽		九四 履
一九 泰	六九 大畜	七九 需	二九 小畜	八九 大壯		四九 夬	

“乾”序：九四三八

	六一 剝		二一 觀	八一 豫	三一 晉	四一 萃	九一 否
一六 謙		七六 蹇		八六 小過	三六 旅	四六 咸	九六 遯
	六七 蒙		二七 渙	八七 解	三七 未濟	四七 困	九七 訟
一二 升		七二 井		八二 恒	三二 鼎	四二 大過	九二 姤
				八八 震		四八 隨	
					三三 離		九三 同人
				八四 歸妹		四四 兌	
					三九 大有		九九 乾

〔八〕

乾、坤、否、泰四卦，位居《方圖》四角分領四小圖。康節云：『諸卦不交於乾坤者，則生於否泰。否泰、乾坤之交也。乾坤起自奇偶，奇偶生自太極。』聯通『乾坤數序』，自見其義。

故此更附乾、坤、否、泰四圖於後。四圖相應疊合，則六十四卦、三百八十四爻之變通盡在其中矣。

四圖皆以數示，以便觀摩。

否

乾

坤

泰

仍示《先天六十四卦三百八十四爻方圖》（數圖）於次：約章三則，字應九六之數。

一

數宗河洛，　理法自然；
上下左右，　前后叠顛；
數序三重，　七九周圓；
天心復見，　終始成緣。

二

天地日月，　數示其踪；
變理陰陽，　卦立西東；
寓意象數，　河洛認宗；
一貫三才，　成位於中。

三

卦象虛設，卦炁滿盈；
分方定位，炁以數行；
六爻三極，四象傳真；
五十關鍵，靈用在人。

先天六十四卦三百八十四爻方圖（數圖）

最後，以《方圖》乾、坤兩卦之初爻，引入《圓圖》否、泰兩卦，『一』統方圓以『運行』『生物』，是爲『生生之謂易』，七、九與一之組合，乃易學之真諦也，而《易圖》始自太極之『一』，終於『一統方圓』，終始之義見，契合自然，數、象、理、法盡在其中矣。

〔九〕

通過孔子《序卦傳》，編排成『序卦數列』，《易圖》既『有以見』數矣。《經》承《圖》旨，則卦、爻之繫辭，能無『數據』乎！重温《繫辭上傳》第二章，參證第八章首節『聖人有以見……』之文，可以慎思、明辨之矣。然無孔子之《翼》易，後人固無所適從；而誤斷、曲解甚至不顧孔子之《翼》，又如何有得『天下之理』，『而成位乎其中』。孟子曰：『盡信書，則不如無書。』大易發源於未有文字之先，是以求索『八卦真源』，決不能在有象之後也。

是故孔子通過《序卦傳》以存《本經》之『卦序』，有深意焉。卦成三爻，寓天地炁運之循環以及萬物生化之機宜，契合自然，動静相兼，虛實相乘，自爲重卦，數、象皆

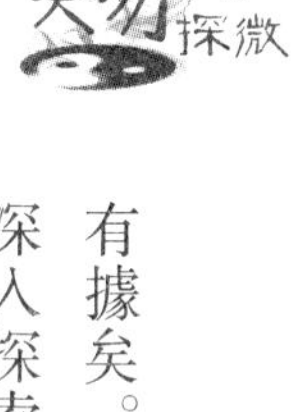

有據矣。而《本經》之『窮理盡性以至於命』是爲天人性命之學，宜『玩辭』、『玩意』以深入探索，然后可望明《經》。

故《乾》之大象曰：『天行健，君子以自强不息』也。

二　易圖出土　易學當興　仍宜糾正斷《翼》之誤注

（一）

中華易學，源起極早，相傳伏羲『始作八卦』，開我國教化之源，去今已有六千四五百載。其時雖無文字，但已有傳遞信息之語言或圖畫，且有數之概念（識由數始，至今嬰幼兒猶然）。伏羲承前人知識積累，『仰以觀於天文，俯以察於地理』，有感於天地造化終始一炁之理之不可違，於是本『一』衍數，律契自然『始作八卦』，演變以成無文字之易學體系，是爲易圖。

伏羲之後三千三百餘年，『文王拘而演周易』，演繹『數理』，探索動變，窮神知化，

寓意於象，於是始繫辭於卦、爻之下；周公補充而作象辭，以成有文字之易之《本經》，是即《周易》。

文、周之後又六百餘年，孔子出世，刪訂六經。而易圖無文，《本經》言象，孔子敘卦理陰陽，既是以《傳》明《經》，更爲顯闡《圖》奥，綜其所述，名曰《十翼》。

自伏羲至孔子歷時四千餘年，而易學圖文并具，體系完善。

〔二〕

當孔子之世，諸侯守國，文字難齊，而竹簡韋編，檢閱、保管與傳播，俱爲不易，故孔子《序卦傳》之作，存多重用意。

孔子之后數百年，秦一六國，『書同文，車同軌』矣。而祖龍一炬，《周易》雖以『卜筮之書』幸存，易圖則不知何以佚傳。易圖既已佚傳，《周易》本源無着，秦時多家傳易，漢初承之，《易書》原貌，早已難明。

其後 太史公著《史記》，去孔子之世已有三四百年，編史著文之取材，或係史載；或據傳聞；或爲推斷；不一而足。我國第一部史學巨著，時區跨越幾千年，成於一人，自難一一考校，慮其得失。觀於《史記・孔子世家》：『孔子晚而喜易，序《彖》、《繫》、《象》、《說卦》、《文言》』之句，『序』不是作，未有『數』意，更非斷語。然而啟漢儒附會孔子『翼易十篇』之由，導致后世對易學淵源之種種猜測、争議，固非太史公始料所及，而易言『義理』亦從兹而濫觴矣。

漢至宋初千餘年間無復言圖，陳、邵傳圖，其不目爲『易外别傳』者幾希。其後幸有朱熹收集諸圖，冠於所著《周易本義》之首。存此以啟迪後人，朱子之功也。

故自孔子至今二千五百餘年間，易學流傳，歷經滄桑之變。論其發展，處於徘徊不前，而究其所失，應與《圖》佚失源與《翼》斷失真有關。蓋《圖》既不傳，《翼》斷失實，《本經》已被視爲『占卜之書』，欲求通理《繫辭傳》、《說卦傳》篇章之真義，不亦難乎！

〔三〕

當前，人類社會已進入信息時代，而信息以『數據』爲先。近幾十年來，國內相繼出土有關《易圖》之文物，業已證實漢代以前太極、河、洛諸《易圖》以及『數字卦』古已有之。而易學從古到今，既與中華文化之各個領域有千絲萬縷之聯繫，又與近代高、精、尖科技成就原理相通，古今中外學理參通，共識於有象、數可據之《易圖》。

《易圖》之數、象以其契合自然規律，故能『放之四海而皆準，流傳萬世而不悖』，易之有圖在未有文字之先，實爲我中華文化源遠流長之最大特色。

〔四〕

研究學問，如何取捨、認識所據資料，與所獲得之成果緊密相關。

兩千多年來，由於《易圖》佚傳，易學根源，宋代以前無《圖》作證，宋代之後，有不能明，孔子《十翼》，亦無由『見數』。故後世『見仁見智』之作愈多，愈益令人難於取捨。

易學自來講求考據、論證，然而若問何據最能服人，應爲『數據』；若問何人立論最具權威，應推孔子。而今信息時代，《易圖》此時自土而出，所謂《易圖》爲後人臆造之說，已是不攻自破，故此大易『正本清源』之時機已經成熟，大可言『數』矣。

〔五〕

原夫大易淵源，『一』爲體而『易』爲用。太極本『一』，從無到有，『一本萬殊』，數自無靈，在人寓意。『易道陰陽』，對待往來，象征日月，旋迴周轉，終始一元。『一』體衍數成圖，律契天地炁運；『易』用寓意於象，通理萬物生化。體用之合，則『一』以象徵天覆地載之空間，乾坤當之，『法象莫大乎天地』也。『易』以象徵日月往來之時間，坎離當之，『懸象著明莫大乎日月』也。時空連續，天地炁運循環不息，日月紀之，在易謂之『卦炁』，『觀變於陰陽而立卦』，自然而然者也，是爲先天之本。至於萬物之生息繁衍，蛻變於天地之間，人天合一，得地有位而『在地成形』乃後天之用，仍隨天地炁運之機還歸大炁，易謂『與時偕行』，而又『與時偕極』，故爲『卦象』，『聖人設

卦觀象』者此也，實爲『未生之卦』。有待假『象』而求證也。

『卦炁』與『卦象』兩者含義不可混淆，而又相互串通，故曰『六爻相雜，唯其時物也』。天變時而地應物，故又曰『變通者，趣時者也』，而『變通莫大乎四時』，萬物經世之歷程之各有不同也。凡此類例，皆據理演繹，有數可循。

〔六〕

仍簡述『一』體之由來，形而象之，以見『易』用之有本。

『無極而太極』。從無到有點，點延伸爲一綫，綫一合以成圓，『圓動因成體』是爲一個『太極球』。

『太極球』『三分八瓣開』象征八卦。仍設想其爲一體，『静而正』以觀，擬其每一『球錐』之弧面爲外形，主表，切面爲内炁，主裏，外形之數以《河圖》天地五行四方生成之數當之，則内炁之數可據切面相鄰之數以得，内炁與外形，共得三十二個數，四四組合，以應天、地、圓、方、乾、坤、離、坎之『八序』。

太極既動，八方通達，動靜相兼，虛實相乘，而周天六十四卦，三百八十四爻之爻位動變盡在其中矣。

從無到有體之每一個點，仍可視同一個『太極球』，按『一成不變』之圓規方矩以運動。其相互之間，虛虛實實，緊密銜接，象徵大、小循環，而『生生之謂易』、『物物一太極』之理可得矣。是爲『一元周復』之『元中分元』，萬物生生化化而『元元相繼』，『易窮則變，變則通，通則久』也。

『太極之數』變化萬千，而剛柔對應往來之義不變，故曰『剛柔者，立本者也』，又曰『剛柔相推而生變化』。

由於所有『數據』，全是從『一』中衍來，故『易』之整體觀念，決不可忽視。

是故『易有太極』，太極體『一』，乃『易之所指者數』之根源，而律契自然，理通天地炁運，萬物生化之機宜，屬於『人之所貴者明』之範疇。

〔七〕

我國漢字制作，基於有數，數分奇偶，象徵陰陽，陰陽之義，見之於漢字中，比比皆是。『六書』之中，尤以指事、象形、會意之字爲要。而『易者，象也，象也者，像也』。故《本經》寓意，亦多取字象。例如『大始』、『大終』、『大明終始』之三個『大』字；『吉兇』之『吉』字、『兇』字；『志應』、『志窮』之『志』字等等。

孔子贊易，祇是《繫辭》、《說卦》、《序卦》、《雜卦》四傳及《文言》共五篇。《十翼》云者，『十』爲字象。『一』體動而縱横合『十』象徵陰陽之交，乃是『易以道陰陽』之本義。贊易五篇而曰《十翼》，且有虚實相乘，爻位互見之意，故孔子『五、十以學易』意在言外。十即是一，中分二五，進退合十，先天之『數位』爲一，後天之『數位』爲五，『位』以『立人』，五爲『本命』以立三才，故曰：『三生萬物』也。是理也，宜『透表入裏』着想，『處中以制外』，然後可以『提挈天地，把握陰陽』而化裁通變，『三五合一』或曰『三位一體』是其準則，故曰『天下之動，貞夫一者也』。

是故『一』、『五』與『十』既以示數，又屬字象，孔子贊易，《翼》而曰『十』，據數、理、

法，并可參詳。

〔八〕

伏羲『一』畫開天，文王拘而演『易』，孔子『十』翼，貫串《圖》、《經》，闡述『易』與『易之爲書』，具先、後天之旨趣，且以全終始之義。

《乾彖》『大哉乾元，萬物資始』，故孔子曰：『乾知大始』；而《坤》之用六曰『用六永貞，以大終也』；『大始』、『大終』，人之得失，終始於『一』之義也。天地炁運循環無端，萬物生化元元相繼，共處於一個大圜之中，不明終始，何以見『天地萬物之情』？而『大明終始六位時成』，重在一個『時』字，故孔子有『變通者，趣時者也』之訓。一部《易書》，《乾》爲綱領，故『大明終始六位時成』相應『一成不變』之規範，『時乘六龍以御天』則所以處理以適應動變萬殊之格局也。

『聖人有以見天下之賾而擬諸其形容，象其物宜』；『聖人有以見天下之動而觀其會通，以行其典禮』；文、周皆『有以見』數，律契自然之理，引伸廣象，故能『擬之

而後言，議之而後動，擬議以成其變化』。孔子翼易之『有以見』數，何莫不然？

是故孔子《十翼》篇章中，多有語意肯定，立爲『定則』之文句。聖人立言以爲萬世法，無據臆説，非聖人所宜。

『剛柔者，立本者也』，乾剛坤柔，寓意於數，故易用九、六以爲調整陰陽爻位動變之準則。

『易有四象，所以示也』，天、地、日、月，人類未出現於地球上之前，即已有之，故爲『先天四象』；而乾、坤、坎、離四象，乃是後天之用，故《繫辭傳》云：『乾坤，其易之緼邪，乾坤成列，而易立乎其中矣。乾坤毁，則無以見易，易不可見，則乾坤或幾乎息矣。』對照『天地設位，而易行乎其中矣，成性存存，道義之門』之句，可見大易先後天之旨趣，即在『易行』與『易立』之間，學者可以仔細品味，而此固皆有『數迹』可循也。天、地、日、月；乾、坤、坎、離；各有其『數序』；『數序』乘除，相互往來，爻位動變，難以名狀。然而，『終萬物始萬物者，莫盛乎艮』，存終始之義焉。艮止而震動；動止見象於震，艮倒顛，終以始，始以終也。又曰：『艮，東北之卦也，萬物之所成終而所成始也』，而西南爲『金火易位』之方，《坤象》『西南得朋，乃與類行；東北喪朋，乃終有慶』，取義亦由此也。

《經》中多有稱名則一，寓意不同者，其亦『辭也者，各指其所之』之意，或謂『當名辨物』。於《翼》亦然，例如：『闔户謂之坤，闢户謂之乾』，乾天坤地，是言天地炁運之往來；『成象之謂乾，效法之謂坤』，陽統陰從，是言萬物生化之本始。又如其言『變通』，『一闔一闢謂之變，往來不窮謂之通』理應與『化而裁之謂之變，推而行之謂之通』不同，前者是爲自然準則，后者需假人智安排。猶恐意有未明，故後文復曰：『化而裁之存乎變，推而行之存乎通』，前後文句，『謂』與『存』僅一字之易，真情躍然紙上。

是故『易之爲書也，原始要終，以爲質也』，『原始要終』要能明其前後。《大學》：『物有本末，事有終始，知所先後，則近道矣。』（注意：天三生木，而『一』在『本』『末』兩字中『木』之上下。）『以爲個質』者，質即是『本質』之數。

一部《易書》，全有『數據』，本《易圖》體系之運用，始於太極之『一』終於『一統方圓』，是故運數以追踪『日月之變』乃探索大易真源必由之路。

〔九〕

綜上所述，易學發源於我國未有文字之先，六千多年來，與中華文化息息相關。而孔子降生去伏羲之世逾四千年，其歿至今不過二千五百餘載，可知易學并非儒家固有經典。孔子當時且冀『加年』以學。可知所學決非『卜筮』小技而已。

大易之生命力在於易圖。易之有圖，猶人之有靈魂，而圖之運用在於『三五合一』。孔子『五、十以學易』，五、十兩數，即是學易之關鍵。

孔子歿後不久而有易圖佚傳與斷《翼》十篇，支解《本經》之誤，易學圖、文體系，遭遇嚴重失實，影響後世易學發展。其或天意，亦是人爲，如以佚《圖》爲因，則斷《翼》即屬其果，延續至今，回顧兩千年來之易學發展歷程，能無感慨？

追懷孔子繼承往聖之道而『一以貫之』，衍『一』識《圖》，述《翼》明《經》，所以垂教後世也。然《圖》、《經》與《翼》，三者缺一，易奧難通，佚《圖》已如木之無本、水之無源矣。

當今信息時代，大講『數據』，易圖恰於此時出土於古文物中，易圖爲後人臆造之説，應已不攻自破。而漢儒斷《翼》之誤，究其因果關系，糾正應屬早晚間事。但願此日早臨，易道必光，振興中華文明之幸事也。

注：本篇原名《秦漢之際影響易學流傳之兩件大事——易圖佚傳與翼斷十篇》，載《第十届國際易學大會論文集》，更易標題，明確意向，文内略有增删。

《大易探微》書後　七律八首

一

信息頻傳數運空，易圖寓意奪天工；
三三組合皆參伍，兩兩偕行盡錯綜；
八序互聯時序定，六爻相應位爻重；
分宮遞變游歸偶，七九方圓一理窮。

二

一體三分四八開，三三爻位有安排；
外形主卦乾坤合，内炁明爻感應來；
位錯自重通象數，爻行認卦意言媒；
八綱八序時空義，大易源清二炁迴。

三

三三有數漫追踪，四箇陰陽運九宮；
前後善觀形合炁，縱横喜見異求同；
分方設位談虚實，立日明時貫始終；
返本還原唯一理，生成相得輔同功。

四

易圖一衍先天數，萬物芸芸滿大千；
立地三元虛設位，行天九炁運周圓；
要能通變調時序，是謂化裁制用權；
待識圖經真象意，繫辭説卦再精研。

五

精研綜數論二才，河洛源清象數開；
七九時空觀自在，三三生化應機裁；
方圓數見分宮序，動靜理從零態猜；
變動不居何所適，一成不變則天來。

六

七九時空通理玄，　三三前後倒顛顛；
上升下降參同異，　左轉右旋形炁圓；
順以入中推理逆，　復來有序反清源；
三重數變人安位，　在地成形象在天。

七

數運三三天地炁，　方圓七九總相宜；
二三以變三般異，　八九圓功一局棋；
七字理通方識趣，　三章約法立樞機；
大明終始聞乾象，　六位時成問坎離。

八

圖經致一數歸宗，易簡唯能成位中；
外引八方天地炁，内援四象性情通；
剛柔推易隨時異，爻位相尋卦自重；
一貫始終生息共，元元周復物無窮。

宣陽子金文傑謹述
一九九八年七月

附録：

百句章·大易理數撮要

自然之數一奠基，正負遞增一無際；
左右相加值抵零，虛同無以數全息；
據此推論易源頭，靜正須明一止義；
一體三分四八開，從茲起數寓象意。

* * *

唯初太始仰雙懸，道立於一通天地；
萬物得一而後生，一合圓成體太極；
太極生生萬象羅，寓意象數始大易。
俯仰先天四象陳，河洛圖書數示跡；

天一生水本先天，萬物土生言得地；
三生萬物後天裁，三三前後調生息；
三一居方河洛同，木本水源君須記。

* * *

三五傳真體用全，五十學易重温習；
用五主中進退之，極於九一合成十；
二五推遷數錯開，虛五實一立中極；
合十書為一與零，一闔一闢指數積；
法象乾坤啟二元，至理不窮則天律。

* * *

母統三女二四三，父統三男八六七；
兩兩偕行數錯綜，三三往來參伍律；
組合方圓天地文，排列乾坤離坎序；

萬物資始乃統天，用六永貞還太乙；

居安易序樂玩辭，繫辭因數以寓意。

陰陽法則無多言，奇偶行列相交替；

用約制博以居方，方以類聚通象意；

意啟心音立日傳，日運光明神主炁；

設卦立象成位中，大炁旋迴三五一；

易陳天道闢鴻濛，三元交替永不息。

＊　＊　＊

三元交替永不息！

宣陽子金文傑於青島

一九九八年十二月

出版者的話

《大易探微》初版於一九八八年八月問世，過了四年即一九九二年十一月修訂版出版，去年三月著者送來最後（再續）手稿，看過以后，認為作為一部易學專著，最好仍由著者整理、增删合成全集，以《大易探微》重新排版、印刷，著者愉快地接受了這一建議。

初版問世後，當即受到了易學界的好評，曾經數次重印。已故著名學者周谷城先生在寫給著者的信中說：『初次拜讀，即覺體大思精，令人敬佩，……且以詩體出之，誠不易得者。』周谷城生平治學嚴謹，不輕易許人，據此可見他對本書的評價。但那時全集還沒有完成。

著者自己說：『《大易探微》探數已耳。』綜觀全集，著者正是緊緊地抓住了『一』、『五』與『十』等幾個數在做文章，他說太極體『一』是『生生之謂易』的起點，《河圖》、《洛書》是我國數算的源頭，也是大易的根本。認為《河圖》天地全數五位相得，内含『五』的因數；《洛書》九數，去十虛五，實用的八個數相對合『十』，因此，『五』與『十』是學易關鍵的兩個數，并引述了孔子『五、十以學易，可以無大過矣』為證。全集前後還增入了若干個『數圖』，其中的《河洛一源圖》實際上就是太極、河圖與洛書三個圖的一體化，不過不用點畫，直接用數表示罷了，這些『數圖』很有啟發意義。全集中不少論述都是前人沒有說過的，如果沒有深厚的根底，很難得有這些『推陳出新』的見解。

『電腦』在二十世紀的出現是人類進入『信息時代』的標誌，人所共知『電腦』的基本原理『二進制』却是源出我國易學的『八卦體系』，新中國成立以來，隨著古文物

的大量發掘出土以及國內考古學的興起，不斷增添了重新認識、探索我國傳統文化的資料，也促使易學發展進入了一個新的歷史時期。本書用『數』釋『易』，而數是一種『世界文字』。出版本書可以適應東西方文化大傳播的需要，有助於探索易學淵源，以期弘揚中華文化，振奮民族精神。

一九九八年九月二十二日

續出版者的話

金文傑先生的大女兒金慧老師把金先生在我社出版的《大易探微》進行了全面梳理，擬把金先生生前整理完成的全集本《大易探微》作爲正本，把金先生爲了方便讀者理解《大易探微》而寫的《大易探微——大易源流概説與先天方圖的數理剖析》作爲通俗本整體推出，爲此找到了我們青島出版社。我社領導極爲重視，決定在編輯、設計、用紙、工藝、印刷等方面都按照精品出版的標準去做。

《大易探微》一九八八年在我社出第一版，至今三十二年了，原責任編輯高繼民先生和楊敏青老師均已退休，這次責編的任務交給了我和梁娜，我們是既惶恐又由衷感到與有榮焉。

三十二年前，我社還在徐州路七十七號，此書剛出版我即向高繼民先生求了一本樣書，但是翻看了一下，一句没懂，不知所云，就放下了。這次在編輯過程中則會意處頗多，也許是編輯『十三經精解』時讀過幾遍《周易精解》之故吧，或許是自己閱歷增加之故，或許是兼而有之。

筆者以爲金文杰先生的巨大貢獻是把《河圖》、《洛書》與太極球融爲一體，通過球分八瓣，找準了數的位置，也理清了文王六十四卦的内在規律，并有炁形圖，揭示了中國古代先賢的宇宙觀、社會觀、人生觀。金先生的另一重大貢獻則是發現了『五』和『十』在易經數理中的重要地位和意義。孔子的『五十以學易，可以無大過矣』，原來講的不是年齡，而是學易的關鍵兩個『數』，這對易學愛好者有極大的幫助。美籍華人潘力生先生爲《大易探微》問世寫的對聯極好地概括了金文杰先生對易學的兩大突出貢獻：『七九演先天正本清源圖經致一宗河洛，三三探易要參今酌古理數圓功貫始終。』

金文杰先生的願望是：『我欲鳴琴頌流水，遺音絶響越千年。』這次把先生的兩本書放在一個函中方便讀者閱讀，庶幾乎對實現先生的遺願有所幫助。杭州有位讀者抄録《大易探微》幾個版本所有内容十七個月，近一年半的時間，可謂參悟了流水之音者，願更多讀者讀懂、讀透金文杰先生這兩本書，爲中國智慧、中華文化大放异彩貢獻力量。

二〇二〇年二月二十日

图书在版编目（CIP）数据

大易探微. 1正本 / 金文傑著. — 青島 : 青島出版社, 2020.3

ISBN 978-7-5552-9021-6

Ⅰ. ①大…　Ⅱ. ①金…　Ⅲ. ①《周易》– 研究　Ⅳ. ①B221.5

中國版本圖書館CIP數據核字（2020）第019691號

書名　**大易探微**（正本）
著者　金文傑
統籌　金　慧
出版發行　青島出版社
社址　青島市海爾路182號（266061）
本社網址　http://www.qdpub.com
責任編輯　吴清波　梁　娜
特約編輯　吴清洲　李智超
裝幀設計　胡文娟
照排　青島新華出版照排有限公司
印刷　青島國彩印刷股份有限公司
出版日期　二〇二〇年三月第一版
印刷日期　二〇二〇年三月第一次印刷
開本　三十二開（889mm×1194mm）
印張　九・七五
字數　一七五千
印數　一—三千
定價　一六九元（全二册）

ISBN 978-7-5552-9021-6

編校印裝質量、盗版監督服務電話　4006532017　0532-68068638